RÉSUMÉ DES ÉPISODES PRÉCÉDENTS

En compagnie de Sasuke et de Sakura, Naruto, le pire garnement de l'école des ninjas du village caché de Konoha, est devenu un ninja. Ensemble, ils ont appris de nombreuses techniques, mené de nombreuses batailles, et fait de grands progrès. Mais le jeune Uchiwa n'a jamais pu renoncer à son désir de vengeance. Séduit par le pouvoir que lui a proposé Orochimaru, il a décidé de quitter Konoha pour aller rejoindre le clan de ce funeste renégat. Deux années se sont écoulées depuis, durant lesquelles Naruto et ses compagnons de Konoha ont poursuivi leur formation. Ils sont désormais au premier rang de la lutte contre Akatsuki, une organisation secrète qui cherche à s'emparer du pouvoir des Bijûs.

De son côté, Sasuke, qui vient de se venger d'Itachi, apprend les réelles motivations de son aîné et ce qui l'a poussé à massacrer le clan familial.

Bouleversé, le jeune Uchiwa décide de faire cause commune avec Akatsuki pour atteindre son nouvel objectif : l'anéantissement de Konoha !

La 4e Grande Guerre ninja éclate. Les Cinq Grands Pays réunis sous une même bannière affrontent Akatsuki ! Ayant pu ressusciter grâce à un puissant sort de nécromancie, Madara récupère son véritable corps et dans la foulée capture les Bijûs et s'empare des pouvoirs de Rikudô.

Naruto et Sasuke se voient conférés une puissance nouvelle par l'Ermite légendaire pour lui résister, mais Madara parvient à lancer les Arcanes Lunaires Infinis et l'humanité toute entière est plongée dans un monde onirique. Alors que nos deux héros sont acculés, voilà que Zetsu Noir trahit son Maître et ramène à la vie la Déesse Kaguya !

NARUTO

77

Sommaire

NARUTO
71
JE VOUS ADORE !
masashi kishimoto
岸本斉史
kana

PERSONNAGES PRINCIPAUX

NARUTO UZUMAKI

KAKASHI HATAKE

L'ERMITE RIKUDÔ

MADARA UCHIWA

SASUKE UCHIWA

SAKURA HARUNO

KAGUYA ÔTSUTSUKI

OBITO UCHIWA

680e épisode : À NOUVEAU

VRULL
ブラン
PFYUU...
VRULL
ブラン
HH...
HH...
!!

COMMENT IL A FAIT ÇA ?!
KAKASHI A ACCROCHÉ L'EXTRÉMITÉ D'UN PARCHEMIN AU MANCHE DE SON KUNAI...
IL S'EN EST SERVI COMME D'UNE CORDE.
QUANT À OBITO, IL L'A TOUT SIMPLEMENT CLOUÉ À LA PAROI.
DÉSOLÉ, OBITO. JE N'AI PAS PU FAIRE DANS LE DÉTAIL.
!
SHUP...
AH !
* SHINOBI.
ジュウウウ
PSHHH
ベチャ
SPLASH
CE N'EST PAS DU GENJUTSU.
EST-CE...

... QU'ELLE NOUS AURAIT FAIT BASCULER DANS UNE AUTRE DIMENSION PAR LE BIAIS D'UNE INVOCATION ?
JE SAVAIS QUE VOUS ÉTIEZ PLEIN DE RESSOURCES, MAÎTRE KAKASHI !
RE-GARDE PLUTÔT DEVANT TOI !
SOYONS CLAIRS, NARUTO.
?

SI L'UN DE NOUS DEUX MEURT, LE MONDE EST CONDAMNÉ.
SI LE YANG QUE RIKUDÔ T'A CONFIÉ VENAIT À DISPARAÎTRE...
STAP !
... LA PUISSANCE YIN NE SUFFIRAIT PAS À SCELLER...
... CETTE CRÉATURE QUI SE TIENT DEVANT NOUS.
ZUP
ET ÇA ENTRAÎNERAIT LA PERTE DE L'ESPÈCE HUMAINE.
ON DOIT SURVIVRE, QUOI QU'IL ARRIVE.
SI SAKURA ET KAKASHI SONT ENCORE CONSCIENTS...
... C'EST UNIQUEMENT PARCE QU'ILS ÉTAIENT À CÔTÉ DE TOI QUAND LES ARCANES LUNAIRES INFINIS ONT ÉTÉ LANCÉS.
PAR PUR HASARD EN SOMME...
TU SAIS CE QUE ÇA SIGNIFIE ?
...
OUI.
...!

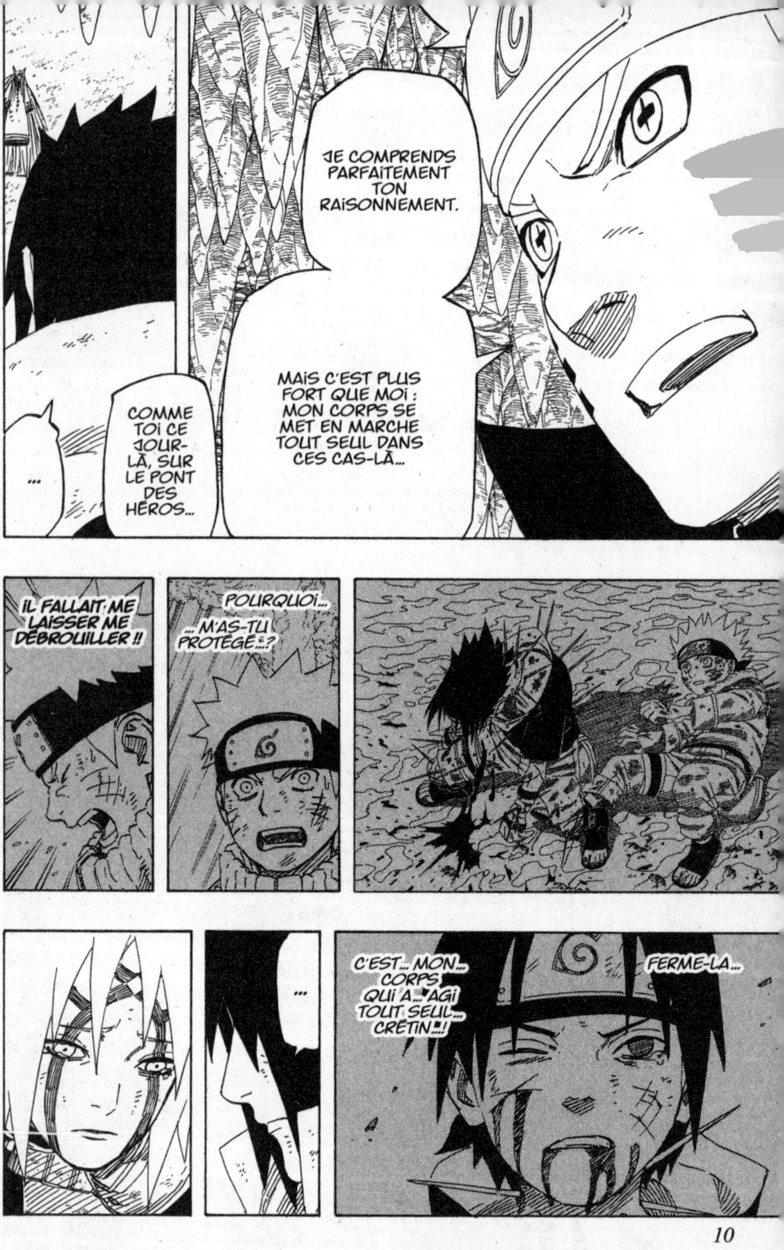

JE COMPRENDS PARFAITEMENT TON RAISONNEMENT.
MAIS C'EST PLUS FORT QUE MOI : MON CORPS SE MET EN MARCHE TOUT SEUL DANS CES CAS-LÀ...
COMME TOI CE JOUR-LÀ, SUR LE PONT DES HÉROS...
...
POURQUOI...
... M'AS-TU PROTÉGÉ...?
IL FALLAIT ME LAISSER ME DÉBROUILLER !!
FERME-LA...
C'EST... MON... CORPS QUI A... AGI TOUT SEUL... CRÉTIN...!
...

ENFIN...
... JE SUIS SÛR QUE TU ME COMPRENDS, SASUKE.
...
C'EST SASUKE QUI A RAISON.
N'EMPÊCHE...
?!
VROOF
SHRIF... SHRIF...
GULP
... MERCI DE TOUT COEUR, NARUTO.

!!
FWOOM
MALE-
DICTION !
KYAH !
MERDE !!
FWAP
KZUM
FWISH
FWISH
FWISH
FWISH
GATCH
?!

!!
PAC
PAC
PAC
PAC
BWOM
VRRR
VRRR
FWASH
BYAKUGAN...!!
SALETÉ ! LES MÉRIDIENS DU FAUCON ONT ÉTÉ TRANSPERCÉS !
OUAH !!
!!
BRR
BRR
JE VAIS DEVOIR RECOURIR À SUSANÔ ...!
VRULL
....!!

SHHH
LES BÂTONS DE MADARA SE DÉSAGRÈGENT...
ON PEUT ENFIN BOUGER.
ET MAINTE-NANT...
... CAP SUR L'ENDROIT OÙ J'AVAIS PERÇU CET IMMENSE CHAKRA.
ON Y TROUVERA SÛREMENT DES RÉPONSES À NOS QUESTIONS !
KLAK
KLAK
PAR CONTRE, LA SOURCE DE SON CHAKRA S'EST TARIE SUBITEMENT...
TAMP

ZUP
スッ
HUNG...
JE DOIS REJOINDRE NARUTO.
DISPARUE...
ILS ONT VAINCU MADARA ?
SHHH
サー
SHHH
サー
四代目*
影!!
* 4e HOKAGE.
NARUTO...?!
...!
HEIN ?

FWUP!
FWUP!
HM ?
TU PEUX FLOTTER ?!
AH !
BWOOF
C'EST VRAI QUE MADARA EN ÉTAIT CAPABLE APRÈS AVOIR ACQUIS LES POUVOIRS DE RIKUDÔ.
...
ZUP

MULTICLONAGE !
WOOO...
POOF!
ZUP
JE TE CONFIE LE MAÎTRE ET MA PETITE SAKURA !
JE SUIS L'UNIQUE...
... DÉTENTRICE DE CHAKRA.
HUNG !

TOUT LE CHAKRA DU MONDE VA ÊTRE À NOUVEAU UNIFIÉ !
FWOOOM
!!!
FWAP!
TAMK

BROOOM
ゴゴ
FFFF
ゴゴゴ
VRRR
ビリ
VRRR
VRRR
ビリ
VRRR
ビリ
VRRR

BAMK
BAMK
BAMK
OUOOOOH !!
!!
TOMK
GWARGH!
C'EST LE MOMENT, SASUKE !!

BAMK
BAMK
BAMK
ZLASH

681e épisode : LES LARMES DE KAGUYA

!!
OUAAH!
TOMP
?!
SASUKE !!
MÊME SUSANÔ NE LUI A RIEN FAIT !
VRULL
STAK
ZWUUUSH
PROFITONS-EN POUR RÉCUPÉRER OBITO !
CHOPF

J'AVAIS OUBLIÉ QUE TU POUVAIS UTILISER UNE TECHNIQUE SIMILAIRE AU DÉPLACEMENT INSTANTANÉ !
JE ME SUIS FAIT DU MAUVAIS SANG POUR RIEN !
J'AI MATÉRIALISÉ UNE SURFACE OÙ POSER MES PIEDS...
ON DOIT UNE FIÈRE CHANDELLE À L'ERMITE RIKUDÔ...
STAP !
FWUP !
FWUP !
MAIS SI ON NE RÉUSSIT PAS À SCELLER CETTE FEMME, ÇA N'AURA SERVI À RIEN QU'IL NOUS AIT DONNÉ SON POUVOIR !
OUAIS !
BROOOM
ZUP !
SWUSH...
ZSHHH

スウ SWUF
!!
?!!
GWIP ワイ...
GWIP ワイ...
ZUP
ズッ
ZUP
ズッ

JE NE PEUX PLUS BOUGER...
GULP

!!
ZLAF !
ZLAF !
!!
ZOOO...
KAGUYA EST EN TRAIN DE VOUS REGARDER...
LE SOUVENIR DE SES DEUX FILS SEMBLE LUI REVENIR.
?!
ZOOO
SASUKE...
ELLE NOUS VOLE NOTRE CHAKRA !!
C'EST TOUCHANT, VOUS NE TROUVEZ PAS ?
ZOOO
LA PAUVRE MÈRE...
... SCELLÉE PAR UN DE SES ENFANTS...

POURQUOI RIKUDÔ LUI AURAIT-IL FAIT ÇA ?
C'EST JÛBI QU'IL A SCELLÉ EN LUI, NON ?
VISIBLEMENT, TU TE MÉPRENDS...
ZETSU NOIR, QUI DIABLE ES-TU ?!
JE SUIS L'ENFANT DE KAGUYA.
COMMENT ?!
QUELQUE CHOSE EN LUI A CHANGÉ...
J'AI TOUT NOTÉ DURANT L'ABSENCE DE MA MÈRE...
J'AI ÉGALEMENT TOUT FAÇONNÉ.
L'HISTOIRE DES SHINOBIS...
... N'A TOUJOURS EU QU'UN SEUL BUT : LA RÉSURRECTION DE MÈRE.
HEIN ?!
COMMENT ÇA ? DE QUOI PARLES-TU ?!
ZOOO
SI TU CONNAIS LE NOM DE MÈRE...
... C'EST QUE TU AS DÉJÀ RENCONTRÉ HAGOROMO.
JE SAIS QUE C'EST POSSIBLE SELON LA PUISSANCE DES AVATARS.
JE SAIS AUSSI QU'IL PEUT VOUS DONNER LA FORCE DE SCELLER MÈRE.

HEIN ?!
SCELLER JÛBI, TU VEUX DIRE ?
DES AVATARS D'ASURA ET D'INDRA AUSSI FIABLES, C'EST RARE.
PUISQUE VOUS SEMBLEZ NE RIEN SAVOIR, JE VAIS ME FAIRE UN PLAISIR DE TOUT VOUS RACONTER PENDANT QUE J'ABSORBE VOTRE CHAKRA.
COMME JE VOUS L'AI DÉJÀ DIT...
... MÈRE FUT SCELLÉE PAR SON PROPRE FILS.
IL S'AGISSAIT VISIBLEMENT D'UN SCEAU TRÈS PUISSANT.
UN SORT QUI A TRANSFORMÉ JÛBI EN NOYAU DE LA NAISSANCE DE L'ASTRE DIVIN !
VOILÀ D'AILLEURS COMMENT CELUI-CI DEVINT LA LUNE.
MÈRE M'A MIS AU MONDE JUSTE AVANT D'ÊTRE SCELLÉE...
... AFIN QU'UN JOUR JE PUISSE LA RESSUSCITER.

JE VAIS VOUS MONTRER.
DÉSOLÉ, JE N'AI PAS DE FRIANDISES POUR ACCOMPAGNER LE SPECTACLE.
...
COMMENÇONS PAR JÛBI...
WOOSH
IL ÉTAIT NON SEULEMENT L'ARBRE DIVIN...
... MAIS AUSSI MA MÈRE.
CE N'ÉTAIT PAS L'INCARNATION DE L'ARBRE DIVIN QUI CHERCHAIT À RÉCUPÉRER LE FRUIT DU CHAKRA...
... MAIS LA VOLONTÉ PERSONNIFIÉE DE MA MÈRE DÉSIREUSE DE REPRENDRE À SES FILS...
... LE CHAKRA QUI ÉTAIT EN EUX.
HAGOROMO LUI-MÊME IGNORAIT CETTE VÉRITÉ...
... AINSI QUE LE FAIT QUE J'ÉTAIS ENTRÉ EN ACTION POUR RESSUSCITER MÈRE.
?!

IL PASSA DONC SON TEMPS...
... À CRÉER CE RIDICULE NINSHÛ ET À ÉLEVER SES DEUX FILS, INDRA ET ASURA.
TROIS ÉLÉMENTS QUI ALLAIENT S'AVÉRER CRUCIAUX POUR LA RÉSURRECTION DE MÈRE.
J'AI TENTÉ INDRA, L'AÎNÉ QUI SE SENTAIT FLOUÉ DE NE PAS AVOIR ÉTÉ CHOISI COMME HÉRITIER DU NINSHÛ...
... PUIS, PLUS TARD, J'AI FAIT RENTRER DANS MON GIRON LE CLAN DES UCHIWA, SES DESCENDANTS.
JE ME SUIS ÉGALEMENT PERMIS DE CORRIGER CERTAINES CHOSES DANS L'OEUVRE MÉDIOCRE DE HAGOROMO.
C'EST PAS VRAI...!
EH SI... J'AI REMANIÉ QUELQUE PEU...
UCHI
... SES ÉCRITS SUR LA STÈLE QU'IL AVAIT LAISSÉE.
... EN INSCRIVANT, PAR EXEMPLE, QUE LES ARCANES LUNAIRES INFINIS ÉTAIENT L'UNIQUE SALUT DES UCHIWA.
VOILÀ COMMENT JE VOUS AI FAIT INTERPRÉTER CE MAGNIFIQUE RÔLE...
... À VOUS, LES UCHIWA...

INDRA ET LES UCHIWA...
ASURA ET LES SENJU...
CHACUN CONVOITAIT LA PUISSANCE DE L'AUTRE ET SE BATTAIT DANS CE BUT...
DÈS LORS, J'AI APPROCHÉ À PLUSIEURS REPRISES LES RÉINCARNATIONS DES DEUX CLANS...
... MAIS MES TENTATIVES POUR ÉVEILLER LEURS RINNEGANS FURENT UNE LONGUE SUITE D'ÉCHECS...
TOUTEFOIS, LORSQUE LES AVATARS MADARA UCHIWA ET HASHIRAMA SENJU SONT APPARUS...
... J'AI SU QUE JE TOUCHAIS AU BUT...
... AVEC MADARA.
C'ÉTAIT LÀ LA PREMIÈRE ÉTAPE DE LA RÉSURRECTION DE MÈRE.

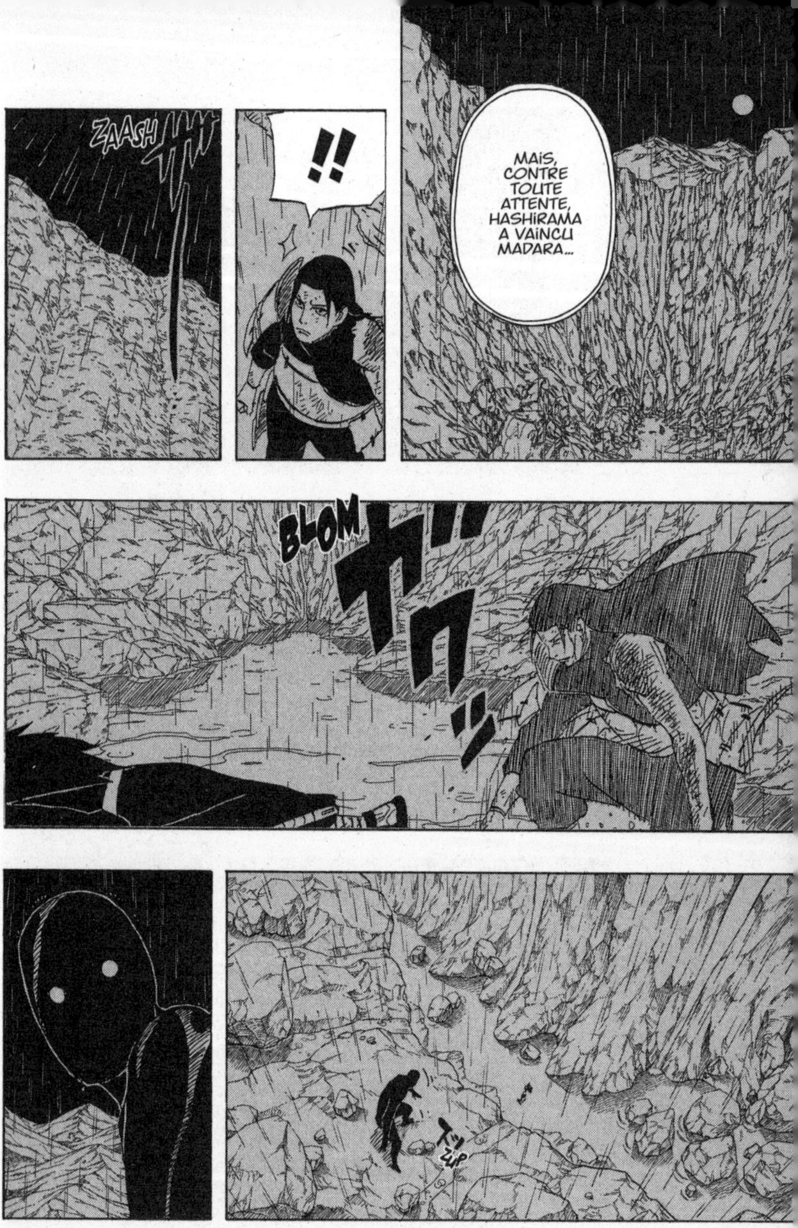
MAIS, CONTRE TOUTE ATTENTE, HASHIRAMA A VAINCU MADARA...
!!
ZAASH
BLOM
ZUP

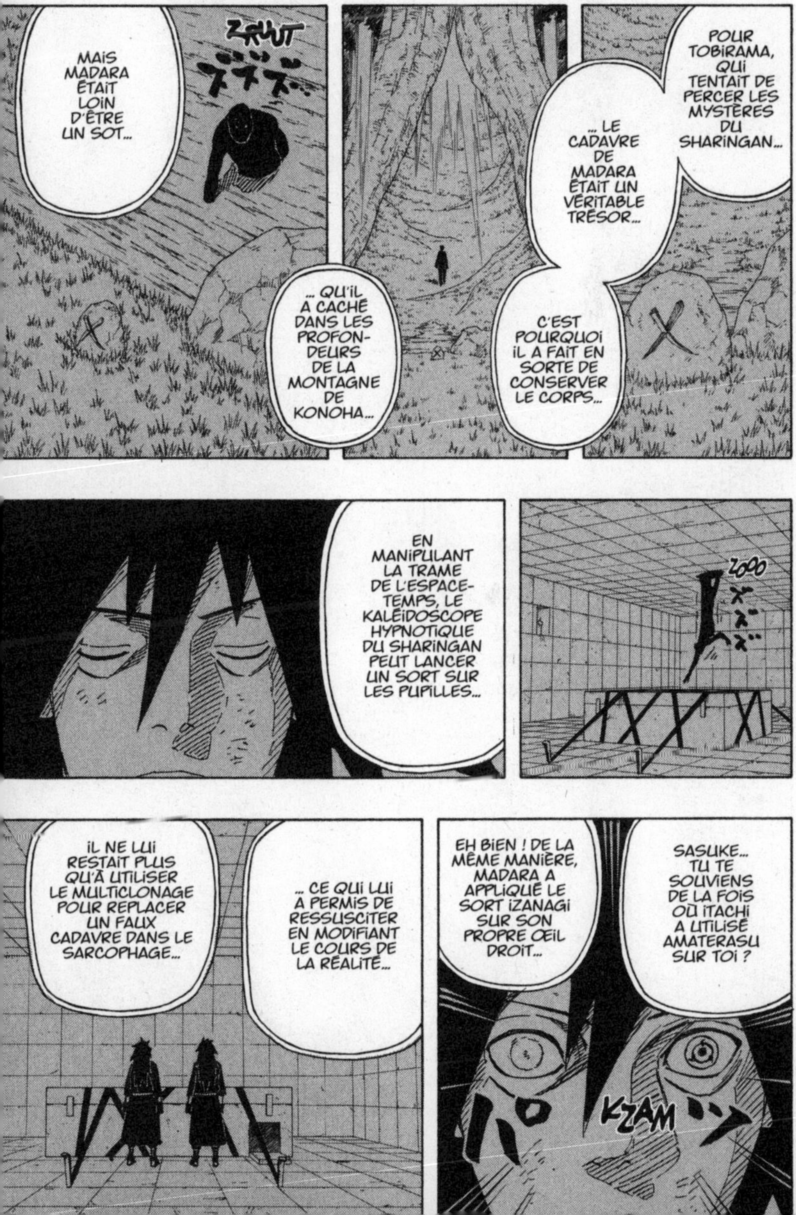
POUR TOBIRAMA, QUI TENTAIT DE PERCER LES MYSTÈRES DU SHARINGAN...
... LE CADAVRE DE MADARA ÉTAIT UN VÉRITABLE TRÉSOR...
C'EST POURQUOI IL A FAIT EN SORTE DE CONSERVER LE CORPS...
... QU'IL A CACHÉ DANS LES PROFONDEURS DE LA MONTAGNE DE KONOHA...
MAIS MADARA ÉTAIT LOIN D'ÊTRE UN SOT...
ZRUUT
ZOOO
EN MANIPULANT LA TRAME DE L'ESPACE-TEMPS, LE KALÉIDOSCOPE HYPNOTIQUE DU SHARINGAN PEUT LANCER UN SORT SUR LES PUPILLES...
SASUKE... TU TE SOUVIENS DE LA FOIS OÙ ITACHI A UTILISÉ AMATERASU SUR TOI ?
EH BIEN ! DE LA MÊME MANIÈRE, MADARA A APPLIQUÉ LE SORT IZANAGI SUR SON PROPRE ŒIL DROIT...
KZAM
IL NE LUI RESTAIT PLUS QU'À UTILISER LE MULTICLONAGE POUR REPLACER UN FAUX CADAVRE DANS LE SARCOPHAGE...
... CE QUI LUI A PERMIS DE RESSUSCITER EN MODIFIANT LE COURS DE LA RÉALITÉ...

PUIS IL A RÉGURGITÉ LE MORCEAU DE CHAIR QU'IL AVAIT ARRACHÉ À HASHIRAMA...
... ET L'A GREFFÉ SUR UNE DE SES PLAIES...
IL A ENSUITE ÉVEILLÉ SON RINNEGAN, AVANT D'INVOQUER LA STATUE DU GRAND HÉRÉSIARQUE...
... ET D'Y METTRE EN CULTURE LE MORCEAU DE CHAIR ARRACHÉ À HASHIRAMA...
... DANS LE BUT DE PROLONGER SA VIE...
C'EST À CE MOMENT-LÀ QUE ZETSU BLANC FUT ENGENDRÉ DE MANIÈRE TOUT À FAIT FORTUITE...
ENFIN, EN RÉALITÉ, J'AVAIS EXTRAIT DE LA STATUE DU GRAND HÉRÉSIARQUE DES INDIVIDUS PIÉGÉS PAR LES ARCANES LUNAIRES INFINIS...
LA PHRASE GRAVÉE SUR LA STÈLE DES UCHIWA...
... "TOUTE CHOSE EN CE MONDE EST LE FRUIT DE L'INTERACTION ENTRE DEUX OPPOSÉS", EXPLIQUE POURQUOI MADARA ÉTAIT OBSÉDÉ PAR HASHIRAMA...

JE SUIS RESTÉ DANS L'OMBRE DU CLAN UCHIWA...
... EN FAISANT SEMBLANT D'AVOIR ÉTÉ ENGENDRÉ PAR MADARA...
C'EST MOI QUI SUIS L'INSTIGATEUR DU PLAN DE RÉCUPÉRATION DES BIJÛS, DE LA CRÉATION D'AKATSUKI ET DE CETTE GUERRE...
J'AI ENSUITE AIDÉ KABUTO À DÉCOUVRIR LE CORPS DE MADARA AFIN QU'IL DEVIENNE PLUS PUISSANT...
PUIS J'AI POUSSÉ OBITO À COLLABORER AVEC LUI EN L'INCITANT À UTILISER LE CORPS DE MADARA...
... COMME UNE PRÉCIEUSE MONNAIE D'ÉCHANGE...
ENFIN, COMME PRÉVU, LES ARCANES LUNAIRES INFINIS FURENT DÉCLENCHÉS...
... ET UNE FOIS QUE LE CHAKRA DISPERSÉ FUT RASSEMBLÉ...
... MA MÈRE FUT ENFIN RESSUSCITÉE...
...

VOUS ÊTES HAÏSSABLES...
HAGOROMO... HAMURA... VOUS ÊTES À MOI... VOUS M'APPARTENEZ...
MON RÔLE EST À PRÉSENT TERMINÉ...
REVENEZ AUPRÈS DU DIEU TOUT-PUISSANT QU'EST MA MÈRE !
...
CE N'EST...
...PAS À TOI...

BWASH
!!
... D'ECRIRE L'HISTOIRE DES SHINOBIS !
!
GNUP
ET PUIS...
... UNE MÈRE DEVRAIT, AU CONTRAIRE, SE RÉJOUIR QUE SON ENFANT PRENNE SON INDÉPENDANCE !!
ZRASH
VOTRE CRISE D'ADOLESCENCE N'EST TOUJOURS PAS TERMINÉE ?
MA MÈRE EST L'ORIGINE DU CHAKRA...
VOUS NE POUVEZ RIEN CONTRE ELLE...
NARUTO, JE VAIS AVOIR BESOIN QUE TU ME CRÉES UNE FENÊTRE DE TIR POUR MA TECHNIQUE DE SCELLEMENT...
C'EST LA SEULE TECHNIQUE QUI PUISSE FONCTIONNER !!
OUAIS ! VU LA FAÇON DONT ÇA SE PRÉSENTE, ON N'A PLUS LE CHOIX...

682e épisode : T'AVAIS ENCORE JAMAIS VU ÇA, HEIN ?!

ALORS ?
POUR L'INSTANT, ILS S'OBSERVENT...
JE VOIS...
CE POUVOIR MYSTÉRIEUX N'EST PAS UN SIMPLE SORT DE GENJUTSU... L'ENNEMI PEUT RÉELLEMENT NOUS ENTRAÎNER DANS CET ENVIRONNEMENT ÉTRANGE...
SON NIVEAU EST À DES ANNÉES-LUMIÈRE DU NÔTRE... ON A VRAIMENT L'IMPRESSION...
... DE SE RETROUVER FACE À UN ÊTRE DOUÉ DE POUVOIRS DIVINS !
NARUTO, TU AS UN PLAN POUR AFFRONTER UN ADVERSAIRE AUSSI PUISSANT ?
SI ON ÉCHOUE, ON Y PASSERA TOUS...
ALORS, IL FAUT TENTER LE TOUT POUR LE TOUT !

C'EST PAS LA PREMIÈRE FOIS QU'ON SE RETROUVE AU PIED DU MUR ET, JUSQU'À MAINTENANT, ON S'EN EST TOUJOURS TIRÉS !
...
URGH...
...
ATTENDS, T'ES SÉRIEUX ?!
SI ON N'ESSAIE PAS, ON NE SAURA JAMAIS SI ÇA PEUT MARCHER !
FWSH!
FWSH!
...
JE ME SUIS ENTRAÎNÉ EN SECRET À CETTE TECHNIQUE... PLUS ENCORE QU'À L'ORBE TOURBILLONNANT !
JE T'ASSURE, ÇA VAUT LE COUP DE LA TENTER !
...
SI TU PEUX DÉTOURNER SON ATTENTION POUR ME LAISSER LE TEMPS DE PLACER MA TECHNIQUE, ALORS CE SERA O.K...
JE PRÉPARE MA PUPILLE GAUCHE...

C'EST PARTI !
OUAIS !
KZUM
AMATERASU !!
!
WOOOSH
BROOF

FWUM
!
ÇA Y EST, ILS PASSENT À L'ACTION !
PRENDS ÇA !!
POOF
POOF
POOF
POOF

HÉ
HÉ
NINJUTSU GRIVOIS !
お
WAOOOUH

HE
HAREM INVERSÉ !
POOF
PLUS MES ADVERSAIRES SONT FORTS, PLUS ILS SONT SENSIBLES À CETTE TECHNIQUE !
NARUTO, TRIPLE ANDOUILLE ! TU CROIS VRAIMENT QUE C'EST LE MOMENT DE LANCER CE GENRE DE TECHNIQUE DÉBILE ?!
MÊME SI ÇA MARCHE SUR MOI, ÇA N'AURA AUCUN EFFET SUR UN ADVERSAIRE AUSSI PUISSANT !

ザン
BAMK
ボボボ
POOF
ボボボ
POOF
J'Y CROIS PAS ! ÇA A MARCHE !!
T'ES PEUT-ÊTRE À L'ORIGINE DU CHAKRA, MAIS TU T'ATTENDAIS PAS À CELLE-LÀ, HEIN ?!
LA VOILÀ, L'HISTOIRE DES SHINOBIS, VIEILLE HARPIE !
MAINTENANT, NARUTO !!

OUAIS !
ZWUP
FWSH
?!
SACRÉ NARUTO ! AVEC LUI, ON N'EST JAMAIS AU BOUT DE SES SURPRISES !
C'EST AVEC SON FAMEUX "NINJUTSU GRIVOIS"... QU'IL S'APPRÊTE À SAUVER LE MONDE ?!
J'ESPÈRE QUE VOUS POUVEZ VOIR ÇA, MAITRE JIRAYA !
JE SUIS PERSUADÉ QUE NARUTO EST L'ENFANT DE LA PROPHÉTIE.
C'EST SANS DOUTE HÉRÉDITAIRE CHEZ LUI...
... MAIS JE TROUVE QUE, FINALEMENT, IL TIENT PLUS DE MOI QUE DE MINATO. FATALEMENT, J'ÉPROUVE UNE CERTAINE TENDRESSE POUR LUI...

BRRR... C'EST GELÉ !
QU'EST-CE QUE C'EST ?
DE LA GLACE ?!

SHLINK
ZUP...
WOOOSH
LE DÉCOR A DE NOUVEAU CHANGÉ !
?!!

!
ZUP
ZUP
ZWUSH
ELLE A DISPARU !
SON POUVOIR LUI PERMET DONC DE MANIPULER LA TRAME DE L'ESPACE-TEMPS ?!
!
ZOOO...
ZWUSH...
ZWUSH...

ZWOOOSH
コオオオオオオ

NARUTO, OÙ EST SASUKE ?
ON SE RETROUVE À NOUVEAU DANS UN ENVIRONNEMENT DIFFÉRENT...
TU SAIS QUI UTILISE CETTE ÉTRANGE TECHNIQUE, NARUTO ?
HEIN ?!
EUH... EN FAIT...
IL S'EST PASSÉ LA MÊME CHOSE TOUT À L'HEURE, QUAND ON S'EST RETROUVÉS AU-DESSUS DE LA LAVE...
C'EST SÛREMENT UN EFFET DU POUVOIR DE L'ENNEMI...
ELLE EST CAPABLE DE MODIFIER L'ENVIRONNEMENT EN UNE FRACTION DE SECONDE...
C'EST PROCHE DU GENJUTSU...
ET, CETTE FOIS-CI, ON SE RETROUVE DANS UN MONDE DE GLACE...
J'AIMERAIS BIEN SAVOIR À QUOI ÇA RIME...
ZUP...
WUSH
ZUP...
ZUP...
SHRIF
SHRIF
BON SANG !

AMATERASU !!
BROOF
AUXILIAIRES DE FEU NOIR !!
ZWUM
SHAK
SHAK
SHAK
SHAK
MERCI, SASUKE !!
BRICH

DÉSOLÉ, MON NINJUTSU GRIVOIS A FAIT CHOU BLANC...
PFF ! C'ÉTAIT CLAIR QUE T'ALLAIS PAS LA VAINCRE UNIQUEMENT AVEC CETTE TECHNIQUE DE TARÉ !
!
J'AI MIS AU POINT UNE STRATÉGIE... ET JE VAIS AVOIR BESOIN DE TOI !
CHÈRE MÈRE, CES DEUX-LÀ COMMENCENT À DEVENIR PÉNIBLES...
BON...
... JE PROPOSE DE COMMENCER PAR LES SÉPARER...
... ET DE VOUS OCCUPER D'EUX L'UN APRÈS L'AUTRE...
ZUP !
ZUP
!!

GATCH!
WIIIM
HEIN ?!
?!!
ZWUSH
VLAF
HUNG !
...
!!
OÙ SUIS-JE ?!

683e épisode : UN RÊVE EN COMMUN

DÉSOR-MAIS...
... VOUS NE POURREZ PLUS SCELLER MA MÈRE...
JE VAIS COMMENCER PAR ABSORBER TOUT TON CHAKRA !
!
ZUP!
WOOO
!!
ZOOP!
STAD
TES RÉFLEXES SONT IMPRES-SIONNANTS...

ZWOOOSH
IL FAUT QUE JE RETROUVE SASUKE...!
FFFF
スウー
IL EST RAPIDE, CE GARÇON.
...
ZOOO
シュウウウ
...
IMPOSSIBLE DE PRÉVOIR D'OÙ VIENDRA LA PROCHAINE ATTAQUE...

?!
BRAAAMK
QU'EST-CE QUE C'EST ?!
?!
FWOOOM
HUNG !!

KRANK
OUAH !!
IL SE PEUT QUE NOUS SOYONS LES SEULS À AVOIR ÉTÉ ENTRAÎNÉS DANS CETTE DIMENSION.
NON. MON CORPS ORIGINAL EST BIEN PRÉSENT.
EN REVANCHE, JE NE PERÇOIS PLUS LA PRÉSENCE DE SASUKE...

!
URGH...
!!
...
OÙ SUIS-JE...?
OBITO...!
C'EST TOI, KAKASHI ...?
JE DEVRAIS ÊTRE MORT...
C'EST MOI QUI T'AI RÉGÉNÉRÉ.
...
PAR CONTRE...
...
OUI...
JE SAIS...
!
ET MADARA ?!
VOUS L'AVEZ EU ?!

NON, ÇA NE S'EST PAS VRAIMENT PASSÉ COMME ÇA...
?
JE VAIS T'EXPLI-QUER BRIÈVEMENT LA SITUATION.
JE TE PARLERAI DE L'ERMITE RIKUDÔ, MAIS AUSSI DE KAGUYA ET DU MOYEN DE LA SCELLER.
J'IGNORE CE QUI S'EST PASSÉ.
JE SAIS JUSTE QUE NOUS NE SOMMES PAS ENCORE VENUS À BOUT DE L'ENNEMI.
EMMENEZ-MOI PLUTÔT AUPRÈS DE LUI.
ON PARLERA EN CHEMIN.
ON EST SANS NOUVELLES DE SASUKE...
ET MON ORIGINAL EST DANS UN TERRIBLE ÉTAT DE STRESS...
ON COURT PROBA-BLEMENT AU-DEVANT D'UN GRAND DANGER.
JE NE SAIS PAS SI ON POURRA ÊTRE UTILES OU SI ON RISQUE PLUTÔT D'ÊTRE UN POIDS...
... MAIS JE NE VOUDRAIS PAS ÊTRE ABSENTE AU MOMENT CRUCIAL.
DE TOUTE FAÇON, SI ON NE PARVIENT PAS À VAINCRE CETTE KAGUYA...
NOUS QUI SOMMES LES SEULS RESCAPÉS DU SORT DE GENJUTSU... NOUS DEVONS TENTER QUELQUE CHOSE, PAR NOS SEULES FORCES.
... CE SERA LA FIN DE NOTRE MONDE.
DE TOUTE FAÇON, NOUS ÉTIONS TOUS RÉSOLUS...

... À MOURIR POUR LA CAUSE.
STAP!
J'ARRIVE BIEN TARD...
VOUS AVEZ PU OBTENIR DES INFORMATIONS DE VOTRE CÔTÉ ?
STAMP
IL N'Y A PERSONNE AUX ALENTOURS...
... SINON LA DÉPOUILLE DE MADARA...

PUISQUE LA MOITIÉ DE SON CORPS EST LÀ, SUR LE SOL, ON PEUT LOGIQUEMENT EN DÉDUIRE QUE MADARA EST MORT.
MÊME SI J'AI UN MAUVAIS PRESSENTIMENT...
ZUP
QUOI QU'IL EN SOIT, IL EST PARVENU À DÉCLENCHER LES ARCANES LUNAIRES INFINIS...
... MÊME SI ÇA N'AFFECTE PAS LES DÉFUNTS...
LE 4e... ET DE VOTRE CÔTÉ ?
NOUS AVONS TENTÉ EN VAIN DE LIBÉRER TOUT LE MONDE DE L'ILLUSION...
... EN ABATTANT L'ARBRE QUI ENSERRE LES VICTIMES DE SES RACINES...
... AVANT D'ÊTRE DE NOUVEAU SUBMERGÉS PAR LE LIERRE...
ÇA N'A DONC EU AUCUN EFFET.
IL FAUT QU'ON S'ASSURE QUE MADARA EST RÉELLEMENT MORT...
ENSUITE, ON UTILISERA LES RESTES DE SON CADAVRE POUR LE RAPPELER D'OUTRE-TOMBE AVEC EDOTENSEI...
ET ON LE FERA PARLER.
OUI, MAIS IL FAUT POUR CELA UNE VICTIME SACRIFICIELLE...
IL DOIT Y AVOIR UN AUTRE MOYEN.
COMMENT PEUX-TU FAIRE PREUVE D'UNE TELLE MOLLESSE APRÈS TOUT CE QUE NOUS AVONS ENDURÉ ?!
!!
VROOF
VROOF

ÇA CONFIRME MON IMPRESSION. TU ES UN ÊTRE BIENVEILLANT...
... TOI, L'AVATAR D'ASURA...
!!
!!
?!
* 3e HOKAGE.
...
QUI ES-TU...?
JE SUIS HAGOROMO, LE FONDATEUR DU NINSHÛ...
... CONNU SOUS LE NOM D'ERMITE RIKUDÔ...
HH...
HH...
JE N'ARRIVERAI À RIEN COMME ÇA.
HH...

BROOOM
BADA
C'EST DIFFICILE À CONCEVOIR...
... MAIS POUR SCELLER KAGUYA...
BADA
GRULL
BADA
... IL FAUT LES POUVOIRS COMBINÉS DE NARUTO ET DE SASUKE.
GRULL
OUI ! MAIS COMME JE VOUS L'AI EXPLIQUÉ, J'AI PERDU TOUTE TRACE DE SASUKE !
LES ICEBERGS BOUGENT...
SPLASH
!!!
FWAP
LA VOILÀ !!
...

HUMPF !
L'ENNEMI NE FAIT QU'UN AVEC LA NATURE !
KLAMK
!!!
LÀ-BAS !
ZOOP
NARUTO...!
ZUP

ZOOO...
ELLE SE MONTRE ENFIN...
JE NE SUIS PAS SÛRE DE COMPREN-DRE CE QUI SE PASSE...
WOOOP
...
WOOOP
C'EST UNE SORTE DE NINJUTSU SPATIOTEMPOREL...
PARFAIT. ELLE ME CROIT PRIS AU PIÈGE...
JE N'AI PLUS QU'À ATTENDRE QU'ELLE S'APPROCHE POUR FRAPPER !
TU AS DIT QUE TU AVAIS CESSÉ BRUTALEMENT DE PERCEVOIR LA PRÉSENCE DE SASUKE, C'EST ÇA ?
OUAIS.
IL A TRÈS VRAISEMBLA-BLEMENT ÉTÉ PROJETÉ DANS UNE AUTRE DIMENSION.

KAGUYA EST SORTIE DE SA BULLE DIMENSIONNELLE.
ÇA RESSEMBLE BEAUCOUP AUX POUVOIRS DE MA PUPILLE.
PENSES-TU POUVOIR TE PROJETER DANS SA DIMENSION ?
AU MOMENT OÙ ELLE OUVRIRA DE NOUVEAU UN PASSAGE INTERDIMENSIONNEL...
... JE LE FERAI ENTRER EN RÉSONANCE AVEC MA MAJESTÉ DIVINE...
SRUT
... ET ON POURRA S'Y INTRODUIRE...
SRUUUUT
SI SASUKE EST LÀ-BAS...
... ALORS, ON POURRA LE RAMENER !
SUPER !!
PENDANT CE TEMPS-LÀ, JE VAIS ALLER DONNER UN COUP DE MAIN À MON ORIGINAL !!
MAIS...

?!
... CELA NÉCESSITERA UNE GRANDE QUANTITÉ DE CHAKRA...
... CAR CE NE SERA PAS MA PROPRE BULLE DIMENSIONNELLE...
ET SI JAMAIS JE VIENS À MANQUER DE CHAKRA "LÀ-BAS", TOUT SERA FINI...
ALORS, JE VIENS AVEC TOI !
MON ORIGINAL PEUT TRÈS BIEN TENIR UN MOMENT SANS MOI ! IL N'EST QUAND MÊME PAS NÉ DE LA DERNIÈRE PLUIE !!
MÊME AVEC TON CHAKRA, ÇA NE SUFFIRA PAS...
!!
!!
ET AVEC LE CHAKRA DE MON SCEAU, ÇA POURRAIT ALLER ?

ON DEVRAIT AVOIR JUSTE LE MINIMUM NÉCESSAIRE...
BON ! VOUS ALLEZ VENIR TOUS LES DEUX AVEC MOI...
D'AC-CORD...
J'IGNORE SI SASUKE EST BIEN DANS CETTE DIMENSION...
... MAIS LE SEUL MOYEN DE LE SAVOIR, C'EST D'Y ALLER...
S'IL Y EST, JE LE TROUVERAI ET JE LE RAMÈNERAI AU NARUTO ORIGINAL !
...
OBITO, MERCI DE TON AIDE...
SLAP
ET SURTOUT, MERCI POUR SASUKE...
...
TU N'AS PAS À ME REMERCIER...
TU DOIS ME CONSIDÉRER COMME TON ENNEMI...
MAIN-TENANT...
... TU N'AS PLUS DE MASQUE...
...

J'ÉTAIS UN AMI DE KAKASHI...
... UN SOLDAT AUX ORDRES DE TON PÈRE...
... ET UN UCHIWA, COMME SASUKE...
ET PUIS SURTOUT...
UN HOKAGE SUPPORTE LA DOULEUR ET MARCHE DEVANT LES AUTRES.
SON ATTITUDE RASSEMBLE LES HOMMES AUTOUR DE LUI...
ET S'IL SE RETROUVE EN DANGER, ON ACCOURT POUR L'AIDER !
... J'AVAIS LE MÊME RÊVE QUE TOI...
NARUTO...
MAIS ASSEZ PARLÉ, LE TEMPS JOUE CONTRE NOUS...
LAISSEZ-MOI SEULEMENT...
... MOURIR DANS L'HONNEUR...
... EN MARCHANT EN TÊTE !

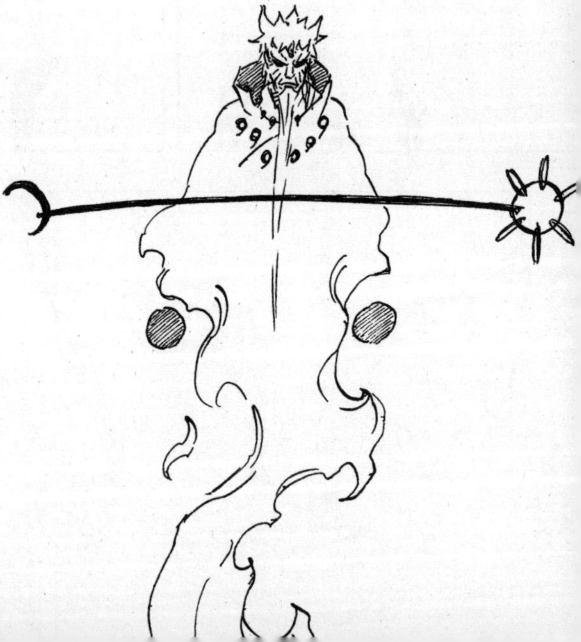

684e épisode : UNE BONNE FOIS POUR TOUTES !!

ZUP
ズッ...
ELLE A PERCÉ NOS INTENTIONS À JOUR...
... PROBABLEMENT.
...
...
MÊME SI ON PARVIENT À PLONGER DANS SA BULLE DIMENSIONNELLE AVEC KAMUI...
... IL FAUT S'ATTENDRE À ÊTRE AUSSITÔT REPÉRÉS.
GULP!
ZUP
ズッ
JE CROIS PLUTÔT QU'ELLE SE MOQUE ÉPERDUMENT DE CE QU'ON MANIGANCE...

FWOOOM
C'EST ÇA... VIENS PAR ICI.
JE SAIS QUE C'EST MON CHAKRA QUE TU CONVOITES !
INUTILE DE TENTER UNE PUISSANTE ATTAQUE. ELLE SERAIT ABSORBÉE AUSSITÔT. LE MIEUX CONTRE KAGUYA...
HÉ
HÉ
NINJUTSU GRIVOIS !
HAREM INVERSÉ !
POOF
WAOOOUH
...ET DE RECOURIR AU TAIJUTSU !
...C'EST DE FAIRE DIVERSION...
POOF
POOF
BAMK

EN REVANCHE, LE NINJUTSU GRIVOIS NE MARCHERA PAS DEUX FOIS AVEC ELLE…
MIEUX VAUT REVENIR AUX FONDAMENTAUX !!
PRENDRE L'INITIATIVE ET LA POUSSER DANS SES RETRANCHEMENTS. SI ELLE TENTE ALORS DE S'ÉCHAPPER PAR SON ESPÈCE DE BRÈCHE DIMENSIONNELLE, JE M'Y ENGOUFFRERAI À SA SUITE.
ZUP
ZUP
WUSH
ENSUITE, JE ME METTRAI À LA RECHERCHE DE SASUKE !
EN CE MOMENT MÊME, JE PERÇOIS SON CHAKRA TRÈS CLAIREMENT !!
ICI, TU ES DANS MON UNIVERS !!
TU N'Y POSSÈDES AUCUN POUVOIR !
PARÉ, NARUTO !
O.K. !!
ON SE GONFLE DE CHAKRA À BLOC !

BWUSH
KAIRIKI MUSÔ !! PUISSANCE MONSTRUEUSE SANS ÉGALE !!
!!
KRUNK
BRAMK
BWASH
RAAAH !!

BROMK
BIEN JOUÉ !
C'EST... STUPÉFIANT !
J'AI MALAXÉ TOUT LE CHAKRA QUE TU VOULAIS, NARUTO !
THANK YOU, KURAMA !
MULTI-CLONAGE...
!
VRALAC !

POOOF
POOOF
POOOF
...SUPRA !!

ZWOOOSH!
FWAM
ZUP!
FWOM
FWOM
FWOM
DWUSH
POF
POF
POF
POF
DWUSH
POF
CETTE FOIS...
... TU ES SUR MON TERRAIN !!

PASH
U...
?!
RTCH!
RTCH!
TOMK
...ZU...
TAMK
...MA...
...KI...
BAMK

... ITTAI RENDAN ! NARUTO ULTIME FURIE !!

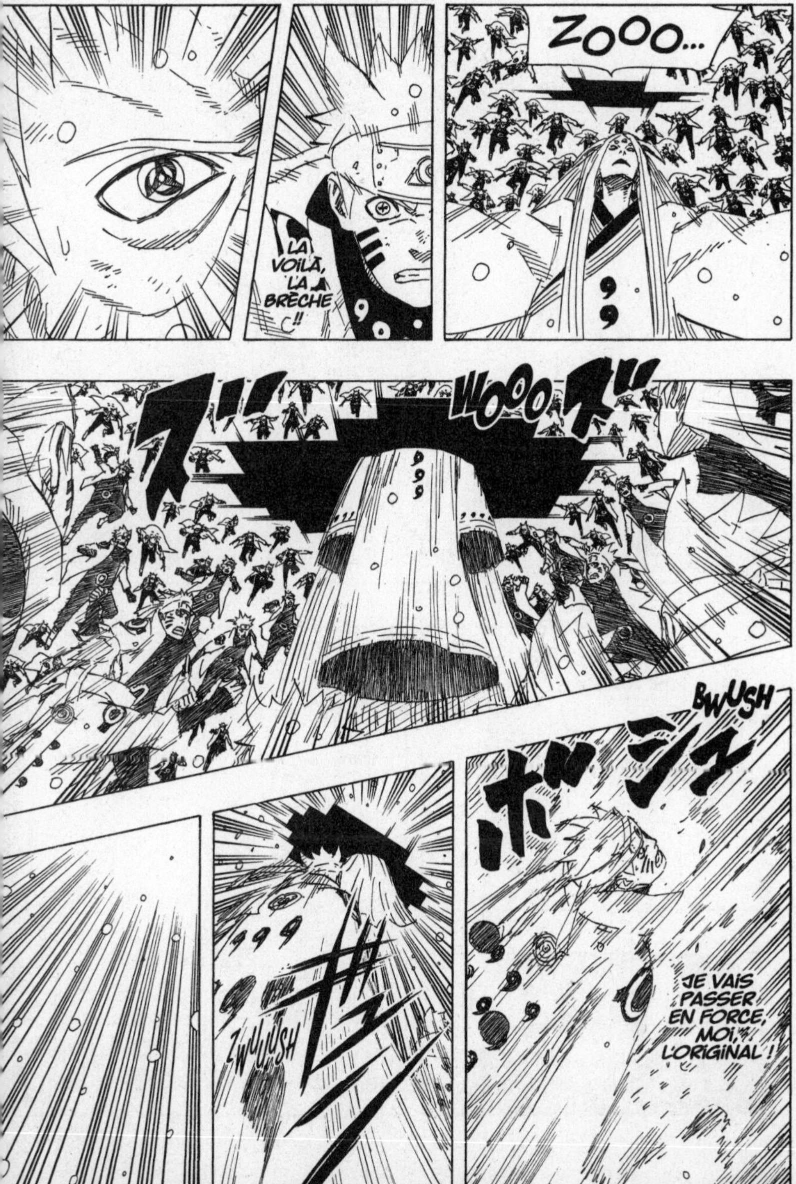
ZOOO...
LA VOILÀ, LA BRÈCHE !!
WOOOSH
BWUSH
JE VAIS PASSER EN FORCE, MOI, L'ORIGINAL !
ZWUUUSH

KRSHHH
ザ
ザ
ズザザ
!
HUNG !
IL A RÉUSSI À S'INFILTRER ?!
C'EST INSENSÉ !!
!!

ILS ONT DISPARU ?!
QUELQUES-UNES DE CES VERMINES ÉTAIENT PARVENUES À SE FRAYER UN CHEMIN.
MAIS ELLES ONT DISPARU... SANS DOUTE EXSANGUES...
TES CLONES N'ONT PAS ASSEZ DE FORCE, APPAREMMENT...
J'EN CONCLUS QUE C'EST TOI L'ORIGINAL !
ET QU'EST-CE QUE TU COMPTES ME FAIRE ?!
MÈRE... IL EST PARVENU À S'INTRODUIRE ICI... DANS LA DIMENSION ORIGINELLE...
ELLE PERMET UN ACCÈS DIRECT AUX CINQ AUTRES UNIVERS PARALLÈLES. ON NE PEUT SE PERMETTRE DE LE LAISSER ICI.
SI LEURS FORCES YIN ET YANG ENTRENT EN RÉSONANCE, IL EST BIEN CAPABLE D'ALLER REJOINDRE SASUKE.
NARUTO A TOUJOURS ÉTÉ IMPRÉVISIBLE.
IL L'A ENCORE DÉMONTRÉ TOUT À L'HEURE AVEC SA TECHNIQUE LOUFOQUE...
IL FAUT EN FINIR AVEC LUI ICI MÊME...

... UNE BONNE FOIS POUR TOUTES !!
IL N'EN EST PAS QUESTION. JE DOIS M'EMPARER DU CHAKRA DE CES GAMINS...
MÈRE... TRANSFORMER LES DIFFÉRENTS UNIVERS EXIGE ÉNORMÉMENT DE CHAKRA...
OR, IL VOUS FAUT GARDER UN MINIMUM DE RESSOURCES POUR PARER À TOUTE ÉVENTUALITÉ.
IL NE FAUT PAS PROLONGER L'AFFRONTEMENT AVEC NARUTO. SI, PAR MALHEUR, VOUS EN VENIEZ À ÊTRE SCELLÉE, VOUS AURIEZ TOUT PERDU.
C'EST CERTAIN, L'ÉLIMINER VOUS COÛTERA BEAUCOUP DE CHAKRA, MAIS VOUS N'AUREZ PLUS BESOIN DE SON CAPITAL.
C'EST TOUT DE MÊME MIEUX QUE DE VOIR PARTIR EN FUMÉE LE PLAN QUE VOUS PRÉPAREZ DEPUIS TANT D'ANNÉES...
...

FWUSH
FWUSH
TU AS RAISON...
!!
ZRASH!
VOILÀ COMMENT ON VA LE SUPPRIMER. AVEC "LES LAMES DES CONJURÉS !! LES OS ET LA CENDRE !!"
ZUP!
FWISH
?!
ZWUSH

?!!
SHOK!
MEURS !
KROSH
KROSH
ボロ ボロ
GWARGH!
BRASH
ボロ
BRASH
ボロ
WOOP!
KROSH KROSH KROSH
ボロ ボロ ボロ
BRASH...
BRASH...
ZOOO
SES CLONES DANS LE MONDE DE GLACE DEVRAIENT LOGIQUEMENT S'ÊTRE TOUS DÉSINTÉGRÉS.

SHUP
BZUM !
ZOOO
GRÂCE À NARUTO, ON A PU SE CACHER DANS MA PROPRE BULLE DIMENSIONNELLE.
MAIS ICI, ON NE POURRA PLUS COMPTER SUR LUI, NI SUR SES CLONES.
TU SERAS MA SEULE ALLIÉE, SAKURA.
KRASH
MESSAGE REÇU !
J'AI POURTANT SUPPRIMÉ L'ORIGINAL...!
POURQUOI SES CLONES N'ONT-ILS PAS DISPARU ?
ILS SONT PASSÉS SANS ENCOMBRE, APPAREMMENT...
... OBITO !

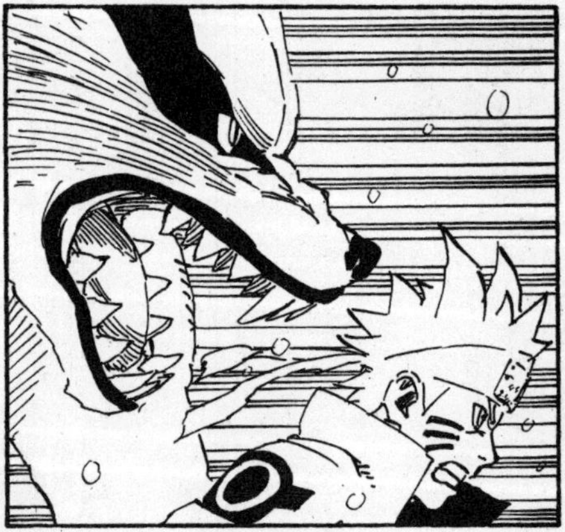

685e épisode : MAXIMUM

!!
...
JE RETROUVERAI SASUKE COÛTE QUE COÛTE ET JE TE LE RAMÈNERAI PERSONNEL-LEMENT, NARUTO !
NARUTO... ET SAKURA, C'EST BIEN ÇA ?
ÉTABLISSEZ UN CONTACT PHYSIQUE AVEC MOI, ET APPRÊTEZ-VOUS À BASCULER DANS UNE AUTRE DIMENSION.
NARUTO ULTIME FURIE !!

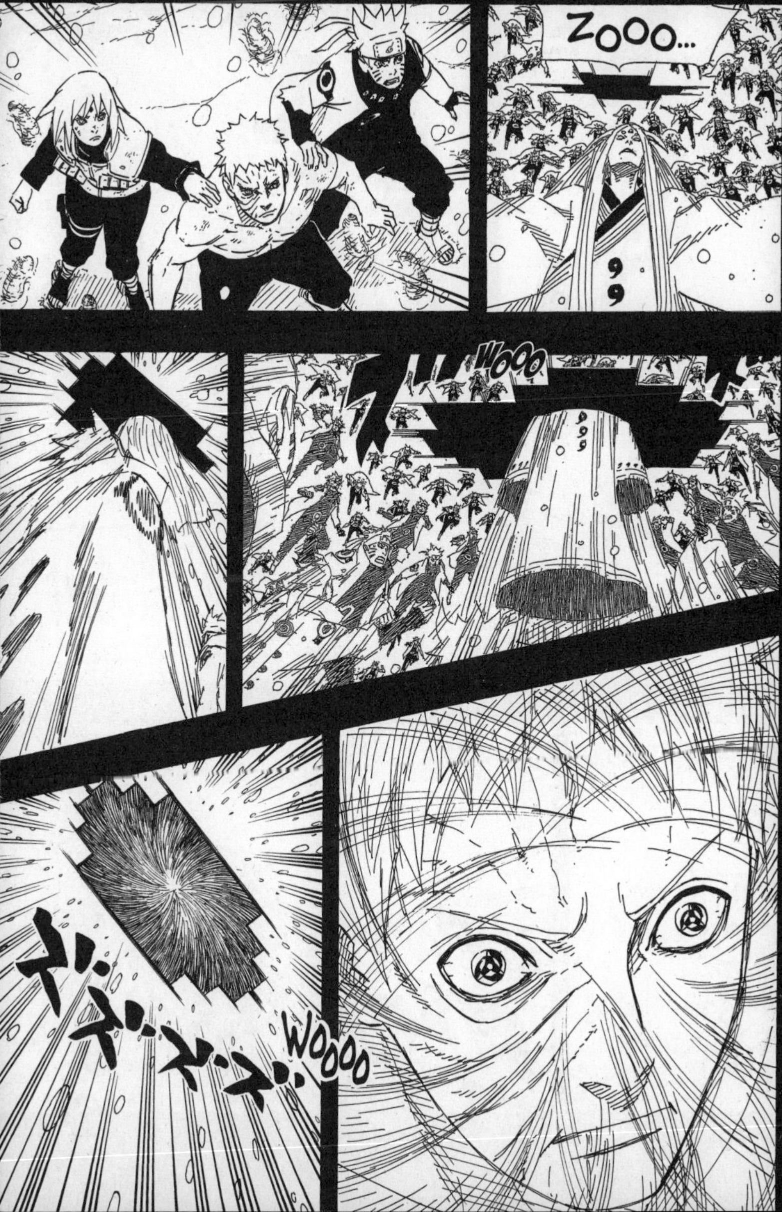
ZOOO...
WOOO
WOOOO

WOOOO
WOOP
SALETE !
TAMK!
KRSHHH
STAMP
LA MAJESTE DIVINE A FONCTIONNE !

!
JE SUIS REPÉRÉ !
METTEZ-VOUS À L'ABRI PENDANT QUE J'ATTIRE L'ATTENTION SUR MOI !
ENTENDU. MAINTENANT QUE J'AI BALISÉ CET ENDROIT, IL VAUT MIEUX SE REPLIER MOMENTANÉMENT DANS MA PROPRE BULLE DIMENSIONNELLE.
SAKURA, TU VIENS AVEC MOI.
ZOOOOOO
HEIN ?!
ZUP !
IL A RÉUSSI À S'INFILTRER ?!
C'EST INSENSÉ !!
QUELQUES-UNES DE CES VERMINES ÉTAIENT PARVENUES À SE FRAYER UN CHEMIN.
MAIS ELLES ONT DISPARU... SANS DOUTE EXSANGUES...

TES CLONES N'ONT PAS ASSEZ DE FORCE, APPAREMMENT...
J'EN CONCLUS QUE C'EST TOI L'ORIGINAL !
JE N'AI DONC EU AFFAIRE QU'À DES CLONES DE L'AUTRE CÔTÉ...
TU T'ES JOUÉ DE MOI, JE VOIS.
HE... HE...
TU M'AS DÉMASQUÉ ! EH OUI ! TU FAIS FACE À L'AUTHENTIQUE NARUTO CETTE FOIS.
FWAM
IL FAUT ÉVITER À TOUT PRIX QU'ELLE BASCULE DANS L'AUTRE DIMENSION.

JE DOIS CONFÉRER UN MAXIMUM DE CHAKRA À OBITO...!!
BZUUUUM
HAAAA!!!...
BLISH...
ZOOO
CES DIMENSIONS SONT EXTRAORDINAIREMENT ÉLOIGNÉES...
POURTANT, KAGUYA EST CAPABLE DE PASSER DE L'UNE À L'AUTRE EN UN ÉCLAIR...

ズ
ズ
BZUM
HA
HA
ON EST REVENUS À LA CASE DÉPART SI JE NE M'ABUSE ?!
ICI, JE NE PERÇOIS PAS LA PRÉSENCE DE SASUKE.
HH...
HH...
ズキン
KZIM
!!
TU TIENS LE COUP ?!
ON PASSE À LA SUIVANTE.
HA
HA
...
ENTENDU...!

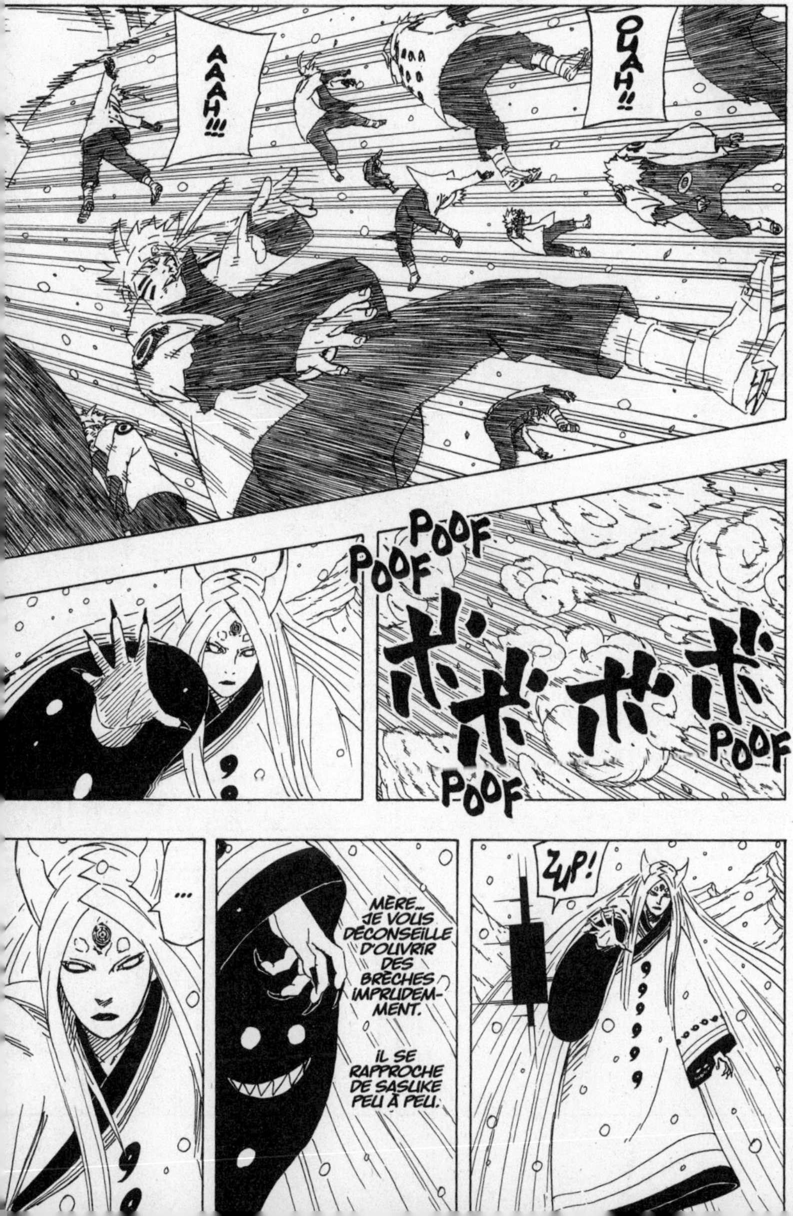
OUAH!!
AAAH!!!
POOF
POOF
POOF
POOF
ボボボボ
...
MÈRE... JE VOUS DÉCONSEILLE D'OUVRIR DES BRÈCHES IMPRUDEMMENT.
IL SE RAPPROCHE DE SASUKE PEU À PEU.
ZUP!

EN REVANCHE, J'AI RELEVÉ UN DÉTAIL QUI A SON IMPORTANCE...
ZUP!
C'EST AUTOUR DE L'ORIGINAL...
ZWUSH
... QUE GRAVITENT DES SPHÈRES DE VÉRITÉ !
CHAF
J'ÉTAIS POURTANT PRATIQUE-MENT CERTAIN QUE ÇA SE PASSAIT DANS CETTE ZONE.
C'EST ICI QUE J'AI SENTI UNE FORTE ÉMANATION DU CHAKRA DE NARUTO...

ズドン
BZUM
BZUM
ズズ
SPLASH
バシャ
!!
PSHHHH
ジュウウウウウ
DES TORRENTS D'ACIDE !!
VLASH
ブチャ
PSHHHT
ジュウオオオオ
VLOSH
ドドド
VLOSH
SDOBAM
ドサッ
PSHTTTT
ジュウウウウ
...!!!

PSHHHH
ジュウウウウ
PAC!
PAC!
FWAP
バッ
TOMP
ドサッ
TU ES BRÛLÉE ?!
SBASH!
HH...
HH...
VRRR...
VRRR...
HH...
HAA...
CE N'EST PAS GRAND-CHOSE...
ZOOOO
ズズズ
TU ES UN MÉDECIN-NINJA, CORRECT ?
PRENDS LE TEMPS D'EXAMINER TES PLAIES...
HH...
HH...
...
ON A ATTERRI UN PEU PLUS LOIN QUE TOUT À L'HEURE.
REPOSE-TOI UN PEU.
ZUP
スッ
HH...
HH...

ZUP
JE VAIS M'EN PASSER.
H H...
!
H H...
H H...
IL N'EST PAS QUESTION DE RUINER LA CHANCE QUE NARUTO NOUS A OFFERTE !
...
RIEN N'EMPÊCHE QUE TU TE SOIGNES UN MINIMUM.
H H...
H H...
MON CHAKRA N'EST PAS ILLIMITÉ. PASSONS PLUTÔT À LA SUITE DES OPÉRATIONS.
...
CE QUI COMPTE À TES YEUX, C'EST DE SECOURIR NARUTO, QUI EST EN MAUVAISE POSTURE, ET RIEN D'AUTRE...?
J'AI TORT ?
?
BLISH...
ENTENDU !!
PARFAIT. EN ROUTE !
ZUP
KAMUI !!
KZUM
ZOOO

ZOOO
ZOOO
!!
TZAM
LE VOILÀ !
SASUKE !!
ON EST LÀ, SASUKE !
REJOINS-NOUS VITE !!
!!
K-ZIM
H H...
H H...
VRULLL
CA SE COMPLIQUE...
DASH

BADA BAM
ダダッ
ZOOO
ズーズー…
KZUM
キン
SASUKE !!
SALETE !!!
RAAAA!!!

ZWOOM
BZUF
KRZIM
SASU-KEEE !!!
H H...
...
H H...
VRRR...
HAA...
MALÉ-DICTION...
HAA...
HAA...
VRULL
NON, PAS ÇA...

TZAM
?!
H H...
H H...
COMMENT EST-CE POSSIBLE ...?
C'EST LE FRUIT DE MON POUVOIR.
JE PEUX BASCULER DANS LES AUTRES DIMENSIONS INSTANTANÉMENT... POUR PEU QU'ELLES NE SOIENT PAS TROP ÉLOIGNÉES...
GRÂCE À VOUS, JE SUIS PARVENU À BON PORT.

686e épisode : CEUX QUI RESTENT

686e épisode : CEUX QUI RESTENT

NARUTO

POOF
ZLAAASH !
MON CLONE S'EST FAIT AVOIR !
!!
POOF
CHAK
ZWISH
CHAK

!
ボロロロロロロロ
ボロロロロロロロ
PRRRROSH
PRRRROSH
LE DOUTE N'EST PLUS PERMIS, MÈRE.
CELUI QUI EST AFFUBLÉ DES SPHÈRES DE VÉRITÉ EST BIEN L'ORIGINAL.
POOF
POOF
ボ
ボ
SES CLONES LE DÉFENDENT AVEC UN TEL ACHARNEMENT...
ZOOOO
スウウウウ

SHLING
SHLING
FWAM
GWARGH!
ZRASH
KRANK!
ZWUSH!

ARGH !
CHAK CHAK
CHONK
OUAH !
GNUP
JE N'AI AUCUNE FENÊTRE DE TIR...
POOF !
POOF !
POOF !
POOF !
C'EST LAMENTABLE...
JE SUIS TOTALEMENT IMPUISSANT. JE NE PEUX RIEN FAIRE, SINON REGARDER LES CHOSES SE PASSER.

ALORS QUE SAKURA ET OBITO LUTTENT, EUX, DE TOUTES LEURS FORCES.
...
VRAIMENT...
COMME MAÎTRE, JE N'AI PAS PU VOUS APPORTER GRAND-CHOSE...
ET COMME AMI... ÇA A ÉTÉ PAREIL, JE LE CRAINS.
JE ME RÉCLAMAIS DE L'ÉLITE, ET POUR FAIRE DE GRANDS DISCOURS, ÇA OUI, J'ÉTAIS DOUÉ. EN RÉALITÉ, MON PARCOURS N'AURA ÉTÉ QU'UNE LONGUE SUITE D'ÉCHECS.
RIEN N'EST JOUÉ !!
IL N'EST PAS QUESTION QUE JE BAISSE LES BRAS !!!
!!

RAAAH !!!
CE N'EST PAS LE MOMENT DE SE MORFONDRE, ALORS QUE NARUTO DONNE TOUT POUR LA CAUSE.
J'ALLAIS ENCORE RETOMBER DANS MES TRAVERS !
JE PEUX PEUT-ÊTRE ENCORE APPORTER MA CONTRIBUTION...
BZUM!
STAMP
!!
!
!!
GULP
COMMENT ?! SASUKE... C'EST ABSURDE !!
?!

TE VOILÀ !
DAAA !
!!
ZUP
SHRULL
!!
!!
!!
ZRASH

JE N'AI PLUS RIEN À CRAINDRE, DÉSORMAIS.
ボロ
FROSH
FRU...
FRU...
...!
CE N'EST PAS VRAI...!
NARUTO !!
!
POOF
LE... LE FUMIER !!
IL A FAIT GRAVITER SES SPHÈRES AUTOUR DE SON CLONE...?!
IL NOUS A TROMPÉS AVEC UN SUBTERFUGE AUSSI SIMPLE...!

VOUS AVEZ TOUTE MA GRATITUDE...
... SAKURA... OBITO !!
ALORS... TU N'AS RIEN ?!
TU NOUS AS FAIT UNE DE CES FRAYEURS...
!
FWUSH !
FWUSH !
SASUKE ! J'ESPÈRE QUE TU LES AS REMERCIÉS COMME IL FAUT ?!
FWIP !
FWIP !
FWIP !
KRSH...
...
...
CON-CENTRE-TOI PLUTÔT SUR L'ENNE-MI.
PFF...
NARUTO ME SURPRENDRA TOUJOURS... IL EST BIEN PLUS MALIN QU'IL N'EN A L'AIR.
MÈRE... DÈS LORS QU'ILS SONT RÉUNIS, NOUS N'AVONS PLUS GUÈRE D'AUTRE SOLUTION.
IL NE NOUS EST PLUS PERMIS DE NOUS MONTRER AVARES DE CHAKRA.
J'EN AI BIEN CONS-CIENCE.
FWAP
KZUM

TZAM
?!
BLOM !
URF !!
TOMP
!!
ZWIM
POOF
POOF
POOF
POOF
POOF
AH!
UGH!!
MON CORPS... IL EST SI LOURD...
J'AI L'IMPRESSION QUE JE VAIS M'ENFONCER DANS LE SOL...
VRRR...
VRRR...
GNNNUP
IMPOSSIBLE DE FLOTTER DANS CES CONDITIONS...
CETTE FOIS, C'EST LA GRAVITÉ QU'ELLE A MODIFIÉE...
MAIS...
GNNNUP
VRRR...
VRRR...
VRRR...

... ELLE N'Y ÉCHAPPE PAS NON PLUS.
VRRRR
VRRRR
HUNG...
ZUP!
ZUP!
BRR...
BRR...
!!
ZOOOO...
FWISH
ESQUIVE, SASUKE !!
MALÉDICTION... JE SUIS ENCORE ÉPUISÉ PAR MON SORT DE DÔJUTSU...
FWISH
FWISH

ZWAF!
PAK
HUNG!
URGH!
KRUSH
KRANK
KRANK
C'EST LA PESANTEUR QUI VOUS A FAIT RATER VOS CIBLES ?!
C'ÉTAIT UN COUP POUR ME RÉGLER. LE PROCHAIN SERA DÉCISIF...
WOO...
WOO...
TOMP
TOMP
TSSS !
TOMP
HAA...
HH...
VOILÀ... J'AI ENCORE UN RÔLE À JOUER...

BADA BAM !
CELUI DE BOUCLIER !!
BADA BAM !
POURVU QUE J'ARRIVE À TEMPS...!
ZUP !
?!
ZUP !
ZWISH

LiN...!!
STAMP

MERCI DE TOUT COEUR... LIN.
OBITO ET MOI N'ALLONS PAS TARDER À TE REJOINDRE.
ON POURRA DISCUTER À BÂTONS ROMPUS, TOUS LES TROIS... POUR L'ÉTERNITÉ.
LIN...
CETTE FOIS...
... ON VA ENFIN POUVOIR...
... PARLER TRANQUILLEMENT DANS L'AU-DELÀ, TOI ET MOI...
BZUM
WOOP

CHAK
KAKASHI EST GÊNANT !
CE SORT... C'EST KAMUI !
!
!
!
...

JE DOIS LE LAISSER ICI !
BZUM
OBITO...
QU'EST-CE QUE...?
FROSH
ボロ..
FROSH
ボロ..
KAKASHI, RESTE ICI. ET POUR UN BON MOMENT, COMPRIS ?
JE T'INTERDIS DE VENIR NOUS REJOINDRE DE SI TÔT !
HH...
HH...

687e épisode : QUOI QU'IL ADVIENNE !

H H...
CONCENTRE-TOI... PLUTÔT SUR L'ENNEMI...
H H...
KAKASHI...
H H...
...
ZUP!
ZUP!
L'HEURE EST CRUCIALE...
... POUR NARUTO... POUR SASUKE... ET POUR SAKURA.
OBITO !!
...
QUE S'EST-IL PASSÉ ?!
KAKASHI... IL EST TROP TÔT POUR QUE TU TIRES TA RÉVÉRENCE... TU DOIS RESTER ET SOUTENIR LA NOUVELLE GÉNÉRATION.
!
PROSH...
PROSH...
PROSH...

TAMP !
C'EST PEINE PERDUE, NARUTO...
OBITO EST CONDAMNÉ. SON CORPS VA SE DÉSINTÉGRER PEU À PEU... POUR NE FORMER QU'UN AMAS DE POUSSIÈRE.
HUNG !
ARRÊTE, NARUTO. IL DIT LA VÉRITÉ.
NE GASPILLE PAS TON CHAKRA.
...
POURQUOI LUI APPORTER VOTRE SOUTIEN ?
IL ÉTAIT VOTRE ENNEMI. L'AURIEZ-VOUS OUBLIÉ ?
...
TANDIS QUE, DE NOTRE POINT DE VUE, C'EST UN TRAÎTRE À LA CAUSE...
QUOI QU'IL EN SOIT, C'EST UNE VERMINE. RIEN D'AUTRE...

HONNI PAR SES COMPATRIOTES, MÉPRISÉ PAR SES ENNEMIS.
AMIS OU PARENTS, PERSONNE NE LE PLEURERA...
UN ÊTRE ESSEULÉ...
... DONT IL NE RESTERA RIEN...
LA PERTE DE SA BIEN-AIMÉE L'A SANS DOUTE BRISÉ POUR TOUJOURS... *IN FINE*, IL N'AURA ÉTÉ CAPABLE DE RÉALISER AUCUN DE SES RÊVES...
C'EST UN PAUVRE HÈRE QUI A VAGABONDÉ SANS BUT SUR LES CHEMINS DE LA VIE... MANIPULÉ PAR TOUS...
QUI A ÉTÉ D'ÉCHEC EN ÉCHEC...
... AVANT DE S'ÉTEINDRE DANS LA DISGRÂCE...
C'EST INSUPPORTABLE D'ENTENDRE ÇA !!
IL N'A PAS TORT.
C'EST UNE FIN LOGIQUE POUR UN CRIMINEL DE MON ESPÈCE.
CRIIIC...
...!
MA PUPILLE A RECOUVRÉ SES POUVOIRS.

!!!
FRZBRZZZ
ZAM
KRZZZ
FWAP
ZWOOSH
?!

ÇA RECOMMENCE ...!
?!
ELLE A ENCORE TRANSFORMÉ CET UNIVERS ?!
VROOF VROOF
FWUP
FWUP

NARUTO... CETTE FOIS, C'EST MOI QUI FERAI DIVERSION...
ALLONS, SUIS-MOI. TU NE PEUX PLUS RIEN FAIRE POUR LUI.
...
...
JE PASSE DEVANT !
FLAP
SALETE !
SALETE !!
...
ÇA SUFFIT !
...

MERCI POUR TOUT, NARUTO.
...!!
...
EN ME BATTANT CONTRE TOI...
... J'AI PRIS CONSCIENCE DE BIEN DES CHOSES.
EN TOUT POINT, OUI...
... TU ME RAPPELLES CELUI QUE J'ÉTAIS AUTREFOIS.
FRUSH...
FRUSH...
J'AI TANT DE REGRETS.
CEPENDANT...
... JE NE SAURAI TROP DIRE POURQUOI... MAIS J'ÉPROUVE AUSSI DE LA JOIE.

QUAND J'ÉTAIS GOSSE, JE RÊVAIS QUE J'ÉTAIS HOKAGE...
C'ÉTAIT UN SENTIMENT ÉTRANGE, UN MÉLANGE D'EXCITATION ET D'ANGOISSE.
TU ES PARVENU À FAIRE RESSURGIR CE QUI ÉTAIT ENFOUI EN MOI.
JE M'Y VOIS, LÀ, AVEC UN VILLAGE ET DES AMIS À CHÉRIR...
MOI, LE HOKAGE...
RIEN QUE D'Y SONGER, LE TROU QUE J'AI DANS LE COEUR EST COMBLÉ.
HUM !
JE NE SAIS PAS POURQUOI JE NE PEUX PAS ARRÊTER DE PARLER...
PEUT-ÊTRE PARCE QUE CE SONT MES DERNIERS INSTANTS...
GNUP !
AÏE !
JE T'INTERDIS DE JOUER LES DURS ET DE ME CACHER TES BLESSURES.
CE N'EST PAS LE GENRE DE CHOSE QUI M'ÉCHAPPE, FIGURE-TOI.

TU AS PROMIS DE DEVENIR HOKAGE, OBITO.
ÉCOUTE...
MOI AUSSI, JE SOUHAITE RÉELLEMENT QU'ON EN FINISSE AVEC LA GUERRE, ET QUE LE MONDE SOIT SAUVÉ.
ET C'EST POUR ÇA...
... QUE J'AI DÉCIDÉ DE VEILLER TOUJOURS SUR TOI.
TE SAUVER SIGNIFIE SAUVER LE MONDE.
COMME JE SUIS CHARGÉE DE TA PROTECTION...
... TU N'AS PLUS RIEN À ME CACHER.
COURAGE, OBITO !
ÉPATE-MOI EN DÉCROCHANT LE TITRE DE HOKAGE ET EN DEVENANT LE SAUVEUR DU MONDE !
TU L'AS PROMIS.
GNUP
FWIP
ALLONS-Y !
...
KRUSH...
KRUSH...

À L'AVENIR, TU CONNAÎTRAS BIEN D'AUTRES PEINES, JE LE CRAINS.
EN REVANCHE...
... TU NE CHANGERAS PAS. TU FERAS TRIOMPHER TES VALEURS.
FRUSH
TU M'AS DIT...
... QUE TU NE REVENAIS JAMAIS SUR TA PAROLE. QUE C'ÉTAIT TON NINDÔ...
C'EST BIEN ÇA ?
FRUSH
OUI...
...
NARUTO...
FRUSH
ボロ
FRUSH
ボロ ボロ ボロ

... TU DOIS DEVENIR HOKAGE, TU M'ENTENDS ? QUOI QU'IL ADVIENNE !

ボロボロ
CRUSH
ボロ
CRUSH
ボロ
CRUSH
ボロ
CRUSH
ググッ
GNUP
...
OUAIS !!!

CE TRAÎTRE INFÂME... CETTE VERMINE A FINI PAR CREVER !!
ZOOO...
ZOOP
RENDONS-LUI HOMMAGE...
IL AVAIT LA TÉNACITÉ D'UN CAFARD... WHA ! HA ! HA ! HA !!
KZOM
JE T'INTERDIS DE TE MOQUER D'OBITO !!!
...
NARUTO...
...
SI TU CONTINUES À ABOYER COMME ÇA...
... TU VAS CONNAÎTRE UNE FIN AUSSI FUNESTE QUE LA SIENNE.
IL S'EST BATTU POUR DEVENIR HOKAGE...
...
KRSH
ALORS...

?!!
... JE N'AI QUE DE L'ADMIRATION POUR OBITO !!!
FWUM !!
!!
...
LIN...
JE T'ATTENDAIS.
VRAIMENT ?
NAVRÉ D'AVOIR TANT TARDÉ.
JE ME SUIS PERDU EN CHEMIN.
...
JE SAIS. TU AS CONNU BIEN DES PÉRIPÉTIES POUR ARRIVER ICI.
ZUP!

...
LIN...
TU SAIS ? LA PROMESSE QUE JE T'AVAIS FAITE...
HM, HM !
TU T'ES BIEN BATTU !!
!!!
DURANT TOUT CE TEMPS...
... JE N'AI JAMAIS CESSÉ DE T'OBSERVER, FIGURE-TOI.
ALLONS-Y !

688e épisode : SHARINGANS...!!

LIN...
... TU VEUX BIEN M'ATTENDRE ENCORE UN PEU ?
OBITO ...?
EN CHEMIN POUR L'AU-DELÀ...
... J'AIMERAIS FAIRE UN DERNIER DÉTOUR.
...
QUI VEUX-TU DONC ENCORE AIDER ?
KAKASHI.
ZUP
!!
ON EST ENFIN SEULS, TOI ET MOI.
SI L'AUTRE EMPAFFÉ SE POINTE MAINTENANT, IL VA TOUT GÂCHER, JE LE SENS.
ET PUIS, QUAND JE L'AI QUITTÉ, IL SE TENAIT À PEINE DEBOUT SUR SES JAMBES COMME UN VIEIL ÉPOUVANTAIL PERDU AU MILIEU D'UN CHAMP... IL PORTE BIEN SON NOM POUR LE COUP, INCAPABLE DE FAIRE QUOI QUE CE SOIT...
ÇA NE ME PLAIT PAS !

ÇA N'A PAS TOUJOURS ÉTÉ FACILE ENTRE VOUS...
... MAIS VOUS ÊTES DE BONS AMIS.
JE N'IRAIS PAS JUSQUE-LÀ !
AU CONTRAIRE, ON S'ENTEND COMME CHIEN ET CHAT !
...
TU VAS FILER MAINTENANT ?
OUI.
LE CHAKRA, C'EST LE POUVOIR DE RELIER CES DEUX MONDES.
ZUP
スッ
JE PARS RETROUVER KAKASHI.
WOOOOO
JE T'ATTENDS ICI.
DÉSOLÉ, LIN...
JE SERAI VITE DE RETOUR.
WOOOOO

!
VROOF
メラ
VROOF
メラ
PSHHHHT
シュウウウウ
WASH
TZAM
STAND
!
OBITO...?!
AVANT DE FAIRE LE GRAND VOYAGE, JE VOULAIS M'ASSURER QUE TU NE ME SUIVRAIS PAS DE SITÔT.

DIRE QUE JE T'AVAIS OFFERT MA PUPILLE POUR TA PROMOTION AU GRADE DE NINJA SUPÉRIEUR...
ET VOILÀ QU'ELLE M'EST REVENUE. ÇA M'A FICHU LE BOURDON AU RÉVEIL...
ZUP
OBITO, COMMENT TU...?
DE TOUTE FAÇON, JE NE ME RÉVEILLERAI PLUS DANS CE BAS MONDE.
MAIS PASSONS !
TOUT À L'HEURE, J'AI EXHORTÉ NARUTO À DEVENIR HOKAGE.
MAIS JE SONGEAIS À LUI POUR LA PLACE DE 7e...
?
... CAR C'EST TOI QUI SERAS LE 6e DU NOM.
!!
TU N'EN AS PAS ENCORE REÇU LE TITRE OFFICIELLEMENT, MAIS VOICI MON PRÉSENT AVEC UN PEU D'AVANCE.
IL NE DURERA PAS ÉTERNELLEMENT, MAIS IL TE SERA TRÈS UTILE.
SI TU N'AS PAS OUBLIÉ LE NOM SOUS LEQUEL TU ES CONNU ICI ET AU-DELÀ DES FRONTIÈRES... TU VOIS SANS DOUTE DE QUOI IL S'AGIT. SAUF QUE DÉSORMAIS TU SERAS...

... KAKASHI, L'HOMME AUX SHARINGANS !!
BZAM
CHONK !
CHONK !
URF !
JE NE PEUX PLUS ME MOUVOIR ...!
TUMP

PTAM
PTAM
PTAM
ZLASH
ZOSH
!
TOUS ENSEMBLE !!

HUM !
ENTENDU !
BIEN !
C'EST PARTI !!
ÇA MARCHE !!
SENPÔ...

O.K. !!
MESSAGE REÇU !!
OUAIS !!
ON Y VA !!
CHÔBIJÛ RASSEN-SHÛRIKEN !!
MÉGA ORBES SHÛRIKEN DÉMONIAQUES !!

FWOOOM
BAM
BAM
BAM
BAM
BAM
BAM
BAM
BAM
BAM
HUNG !

CHOPF
BIEN JOUÉ, NARUTO !!
FRASH-FRASH
FRASH
BLUB
!
BLUB
BLUB
BLUB
!!
BLUB
BLUB
MÈRE... NE ME DITES PAS QUE VOUS ALLEZ LE FAIRE ?!

STAMP!

ELLE S'EST À NOUVEAU TRANSFORMÉE EN UNE CRÉATURE GIGANTES-QUE...
MAIS QU'EST-CE QUE C'EST EXACTEMENT ? UN RENARD...? UN TANUKI...? UN BLAIREAU...? UN LIÈVRE...?
PEU IMPORTE !
ELLE SERA PLUS FACILE À APPROCHER... ET DONC À SCELLER !
VOUS AVEZ PERDU TOUTE FORME HUMAINE, MÈRE...
JE DEVINE BIEN QUE VOUS NE VOUS ÊTES PAS MUÉE EN JÛBI DÉLIBÉRÉMENT...
NE ME DITES PAS QUE VOTRE CHAKRA EST ENTRÉ EN RÉSONANCE AVEC LES ORBES DÉMONIAQUES QUE NARUTO A LANCÉS ET QU'IL S'EST DIVISÉ ?!
IL EST TROP INSTABLE !!!
GROAAAR

ズオオオオオオ
ZWOOOOOOM
TOMP
!!
WOOOO
ズオオオオオオ
ドン
TOMP
ドン
TOMP
ガッ
GATCH
ズズズ…
BZUUUM

SASUKE, NE LAISSE PAS CES MAINS BLANCHES T'ATTRAPER !
ELLES SONT TRÈS RAPIDES... ET ELLES T'ABSORBERAIENT EN UN INSTANT !
STAMP !
J'AI BIEN COMPRIS !
KYAH !!
!!
STAMP
WOOOM
SAUVE-LA AVEC TON DÔJUTSU !!
...!

CHOPF
?!!
ZWASH
KRUNK
SASU... KE ?!
MAIS ALORS... QUI EST À L'INTÉRIEUR DE SUSANÔ ?!
?!
QUELLE EST CETTE DIABLERIE ?!

MAÎTRE KAKASHI ?!
OBITO...
TU AS TOUTE MA GRATITUDE...
COMMENT ?! C'EST IMPOSSIBLE !!
BAH ! RIEN D'ÉTONNANT DE LA PART DU "NINJA COPIEUR", N'EST-CE PAS ?!
JE CROYAIS QU'IL AVAIT PERDU SON SHARINGAN...
REGARDE À TRAVERS MES YEUX...
JE VAIS SAUVER NOS COMPAGNONS... ET NOTRE MONDE AUSSI !!

689e épisode : JE VOUS ADORE !

KAMUI SHURIKENS !!
BZAM
CHONK
ZOOO
ZWIIIF

IL S'EST PASSÉ CE QUE J'AVAIS PRÉVU...
COUPLÉ AUX POUVOIRS DE RIKUDÔ, MON DÔJUTSU A AUGMENTÉ MÉCANIQUEMENT.
LES SHARINGANS D'OBITO...
COMMENT SE FAIT-IL QUE MAÎTRE KAKASHI LES PORTE ?
WAW ! C'EST ENCORE PLUS IMPRESSIONNANT QUE TON ATTAQUE, SASUKE.
?!
CE CHAKRA...
CRAC
CRAC
BROOOM
ZUUUUU

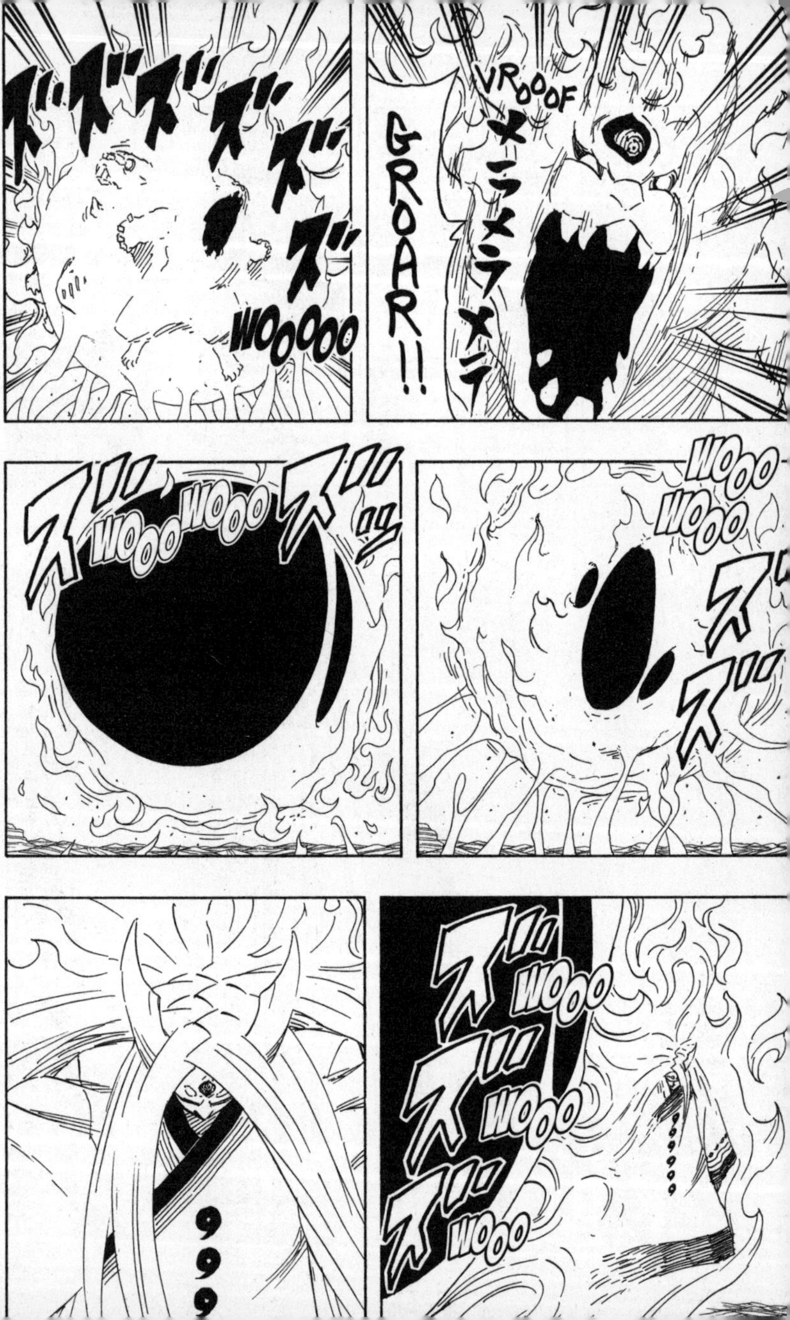
VROOOF
GROAR!!
WOOOOO
WOOO
WOOO
WOOO
WOOO
WOOO
WOOO
WOOO

ICI, DANS LA DIMENSION ORIGINELLE, MÈRE PEUT EXTRAIRE DIRECTEMENT LE CHAKRA DES SHINOBIS PRISONNIERS DES ARCANES LUNAIRES !
LES BIJUS SE SONT STABILISÉS ! ET VOICI MÊME QUE SA SPHÈRE DE VÉRITÉ EST LIBÉRÉE...
UNE SPHÈRE, MANIFESTATION D'UN POUVOIR HÉRÉDITAIRE, QUI S'ÉTEND À VOLONTÉ...
LE VENT, LE FEU, LA TERRE, LA FOUDRE ET LE BOIS... LES CINQ ESSENCES ÉLÉMENTAIRES Y SONT ASSOCIÉES...
WOOOOO
C'EST LA NAISSANCE D'UN NOUVEL UNIVERS...
... DONT VOUS SEREZ LES VICTIMES SACRIFICIELLES !

MAIS C'EST LE MÊME GENRE DE CHOSE QUE CE QUE J'AI DANS LE DOS !
SAUF QUE LA TAILLE DE CELLE-CI N'A RIEN À VOIR...
ET ELLE GROSSIT À VUE D'OEIL !
KAMUI NE POURRA JAMAIS EFFACER UNE CIBLE DE CETTE TAILLE...
MÊME SI ON SE RETIRE UN TEMPS DANS UNE AUTRE DIMENSION...
ZUP
... SI CETTE SPHÈRE CONTINUE À GRANDIR COMME ÇA, ON NE POURRA PLUS RESSORTIR D'ICI.
LE SEUL MOYEN DE L'ARRÊTER...
... C'EST DE SCELLER CETTE HARPIE IMMÉDIATEMENT.
JE LE PENSE AUSSI.
RASSEMBLEZ-VOUS, JE VAIS VOUS DICTER MA STRATÉGIE.
CE SERA LA DERNIÈRE MISSION...
... DE L'ÉQUIPE N° 7 !

ENSEMBLE, NOUS ALLONS SAUVER LE MONDE !
HUM !
OUAIS !
ENTENDU...!
JE SUIS IMMORTELLE...
SI L'UN D'ENTRE VOUS VIENT À MOURIR, VOUS NE POURREZ JAMAIS ME SCELLER.
VOYONS...
... PAR QUI VAIS-JE COMMENCER ?
ZUP
ZUP
ZUP
FWOM
C'EST MOI, TON ADVERSAIRE, VIEILLE CARNE !
NON, ON ATTAQUE TOUS ENSEMBLE !
COMME ELLE CONNAIT NOTRE STRATÉGIE, ELLE VA REDOUBLER DE PRUDENCE.

FWAM
AMÈNE-MOI À MI-DISTANCE... ENSUITE, JE FERAI UN BOND JUSQU'À ELLE !
FWAM
ZLASH
FWAM
FWISH
QUELLE VITESSE !

CRAAAAC
CHAK
CHAK
CHAK
MÈRE VIENT JUSTE DE RECOUVRER TOUTES SES FORCES... ELLE VOUS SURCLASSE EN PUISSANCE ET EN VITESSE.
?!
KRZZZ
?!!
C'EST VRAIMENT FASCINANT, OBITO... LE POUVOIR DE PASSER AU TRAVERS DES CORPS.
ET MAINTENANT, MON ATTAQUE VA PRENDRE UNE NOUVELLE ENVERGURE.
FWUSH

KAMUI RAIKIRI !! L'ÉCLAIR POURFENDEUR DIVIN !!
ZRASH
HUNG !!
ATTENTION À LEURS MAINS DROITES !!
MÈRE !!
SHRIF...

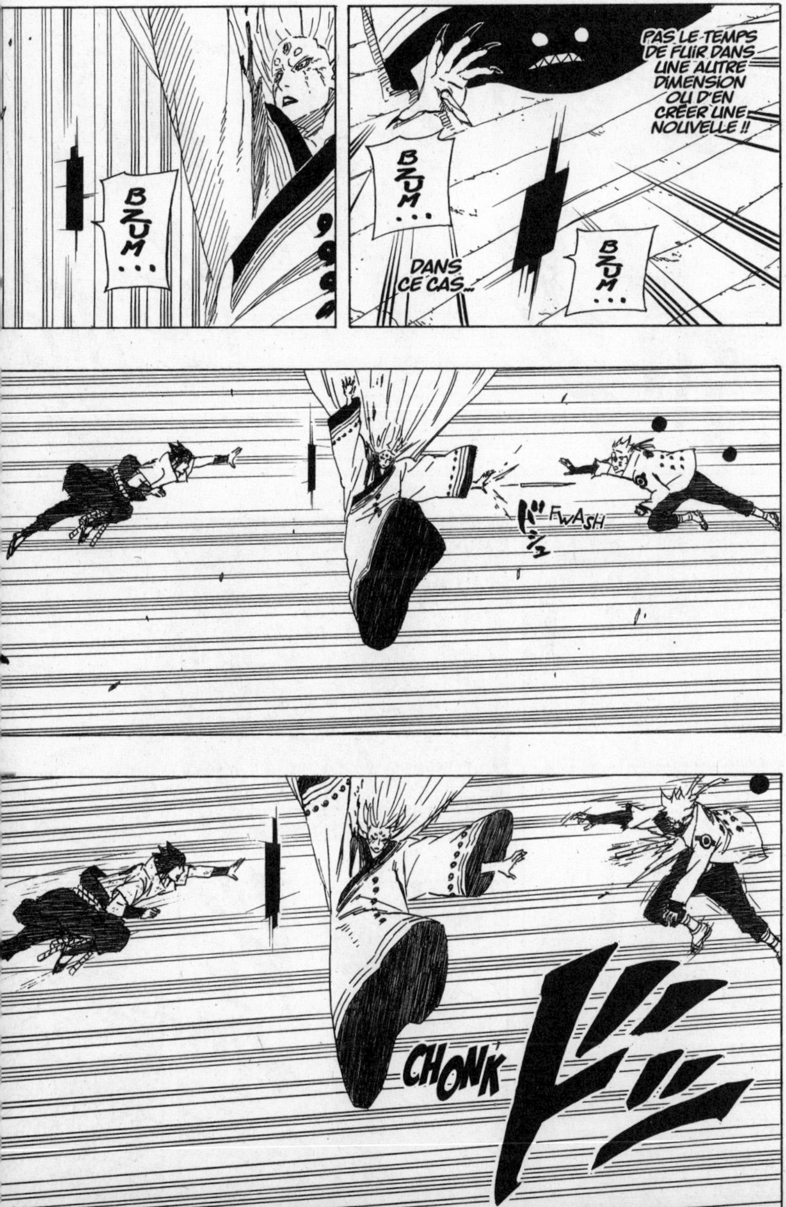
PAS LE TEMPS DE FUIR DANS UNE AUTRE DIMENSION OU D'EN CRÉER UNE NOUVELLE !!
BZUM...
DANS CE CAS...
BZUM...
BZUM...
FWASH
CHONK

KRUSH
KRUSH
POOF
ZUP
ZUP
ZUP
AUCUN DE CEUX-LÀ N'EST L'AVATAR D'ASURA !
IL AVAIT DÉJÀ LAISSÉ LA PLACE À SES CLONES À CE MOMENT-LÀ.
CELUI À DROITE, EN REVANCHE, C'EST L'ORIGINAL !
ZWWSH

MAJESTE DIVINE !
WUP
BZUUM
RWUP

NON, PAS ÇA !!
PASSONS DANS LA DIMENSION DE GLA...
NON...
L'AVATAR D'INDRA POSSÈDE AMATERASU...
ÇA NE MARCHERA PAS !

ET MOI ALORS ?! JE SUIS LÀ !
SI TU ES UNE FEMME, TOI AUSSI...
DASH !
!
... TU ES PRIÉE DE NE PAS M'IGNORER !!!
BOMK
?!!
QUOI ?!
GRANDIOSE, CE TABLEAU !
VOUS AVEZ FAIT TANT DE CHEMIN. REGARDEZ-VOUS AUJOURD'HUI...

JE VOUS ADORE !

TAMK
C'EST LE MOMENT !!
SALE GARCE !!!
ALLEZ !!!

NARUTO LES MEILLEURES CRÉATIONS DE PERSONNAGES DES LECTEURS JAPONAIS

Cette fois-ci, le prix de la plus belle création est décerné à Reiko Yoshida, qui nous écrit du département d'Oita et qui recevra très bientôt une illustration dédicacée de son personnage redessiné par Maître Kishimoto !

◄ NEMU

◄ Le dessin revisité par le Maître !!

Le contraste est saisissant entre cette adorable fillette et sa créature fétiche : un serpent blanc. Bien vu !

690e épisode : NINJA

RIKUDÔ CHIBAKU TENSEI...

L'ASTRE DE RIKUDÔ !!!!!
ENCORE ?!...
MOI, QUI SUIS À L'ORIGINE DE CE CHAKRA...
... JE SUIS BATTUE PAR CES MISÉRABLES QUI NE POSSÈDENT QUE LES RÉSIDUS DE MA PUISSANCE...
WOO WOOOP

COMMENT EST-CE POSSIBLE ...?!!
PASH
PASH

ZOOOO
スゥ
!!
ILS ONT RÉUSSI !!
ZUP
ズッ…
IL N'Y A PLUS QU'À LES RAPPELER !!
ボコン
BOMK
ボコン
BOMK
ゴゴゴゴ
FRUSH
ボロ
FRUSH
ボロ
FRUSH
ボロ
FRUSH
ボロ
BROOOM
GWOUOUOOH!!!
BRAMK
ボコン
FWOOOM
スォオオ

GROAAAR !!
BRAAM
BRAAM
BRAAM
BRAAM
OUAH !!
LE SOL EST ASPIRÉ SOUS NOS PIEDS ?!!
PASH !
BROOM
STAK !
STAK !
STAK !

BRAAM
BRAAM
BRAAM
BRAAM
BRAAM
BRAAM
ENFIN LIBRES !!
TON RECEPTACLE EST ÉPOUSTOUFLANT, KURAMA !!
HUM !
STAK !

BRALAAAM
UH...
PASH
KRONK
BROLOOOM
BROLOOOM
GWOOOOH!!!

BROOOOOOM
BRAM
BRAM
!
ET NARUTO ?!
?!
PAR ICI.
SASUKE !!
IL S'EST SÉPARÉ DE NOUS... "POUR FINIR LE TRAVAIL".
MAIS LE PLUS URGENT, C'EST DE NOUS ÉLOIGNER DE CETTE ZONE AU PLUS VITE !

ON N'A PLUS LE CHOIX...
J'ATTENDRAI QUE VOUS VOUS RÉINCARNIEZ, MÈRE...
NON. JE SUIS SÛR QUE TU PRÉFÈRES NE PAS TE SÉPARER D'ELLE.
!!
STAMP
C'EST TOI, ORDURE...?!
TU AS EU BEAU TOUT MANIGANCER DANS L'OMBRE...
... JE NE T'AI JAMAIS PERDU DE VUE !!!
TU N'ES QU'UN REJETON DU MONDE SHINOBI QUE J'AI CRÉÉ !
UNE VERMINE DE TON ENGEANCE NE PEUT RIEN CONTRE MOI !!
GNIP
GNIP
...

TOUT AU LONG DE L'HISTOIRE...
... LES VRAIS SHINOBIS, EUX, ONT SU MONTRER...
BRRR...
BRRR...
... COMMENT VIVRE ET MOURIR DANS LA DIGNITÉ.
GNUP
BRRR...
UN SALE GOSSE QUI NE PEUT PAS QUITTER LE JUPON DE SA MÈRE...
... N'A DE LEÇON À DONNER À PERSONNE !!!
BAMK
?!!
SPAT
HUNG !!
AAAARGH !!!
BROOOOM

FFFFF
ゴゴ
ゴゴ

L'ASTRE CONTINUE DE GRANDIR...
ON JURERAIT LA LUNE...
C'EST FAIT ?
!
STAMP
L'ENNEMI EST SCELLÉ !!
TOUT EST BIEN QUI FINIT BIEN !!
SI TU LE DIS...
...
AU FAIT ?!!
QU'EST-CE QU'ON VA DEVENIR, NOUS AUTRES ?!
COMMENT VA-T-ON S'ÉCHAPPER DE CETTE DIMENSION ?!!
AAAAH !!!
IL N'EST PAS TRÈS FUTÉ, PAR CONTRE...
C'EST VRAI ÇA ! JE N'Y AVAIS PAS SONGÉ !
HUNG...

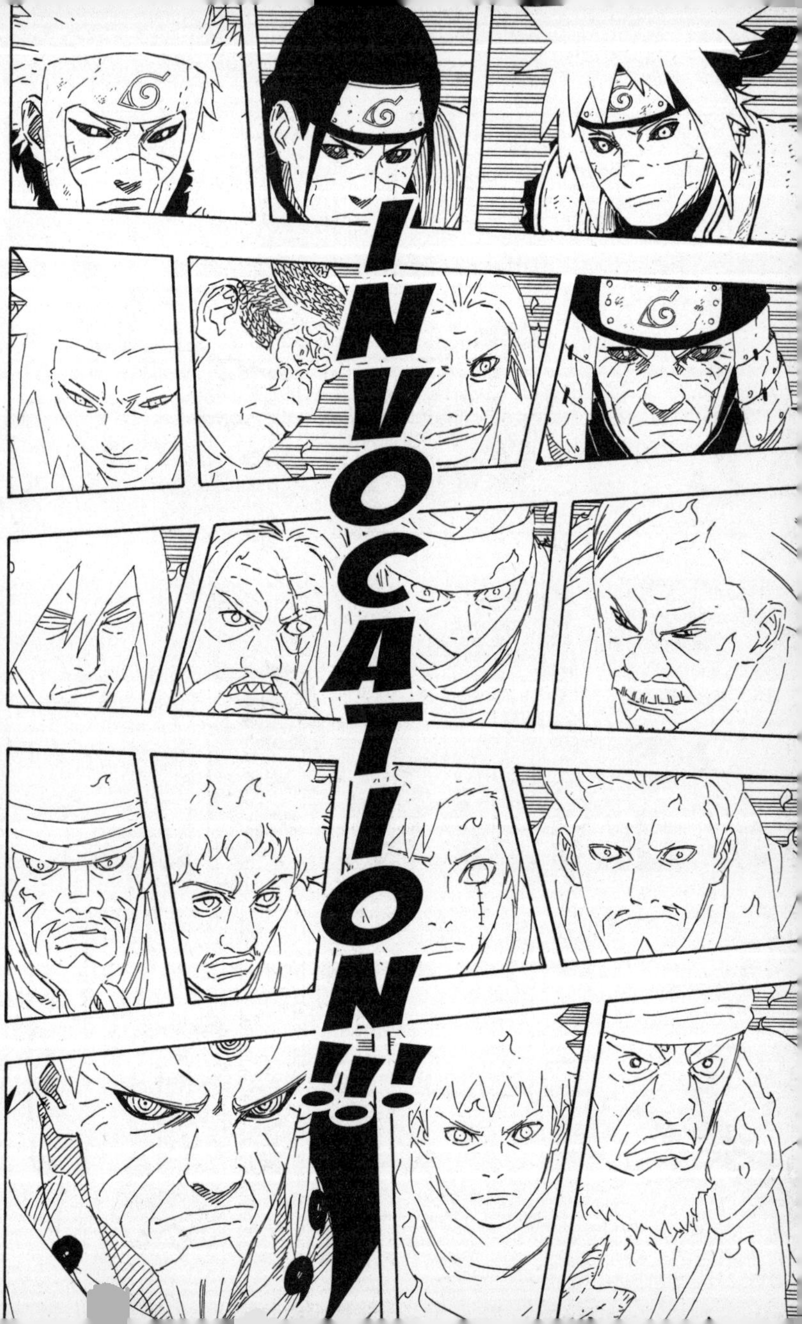
INVOCATION !!!

?!!
BWAM

!
BWOOF
HEIN ?!
?
?
RAVI DE TE SAVOIR DE RETOUR, NARUTO.
...
PAPA...

VOLUME 71 JE VOUS ADORE ! (FIN)

Ce manga est publié dans son sens
de lecture originale, de droite à gauche.

Ici, vous êtes donc à la fin.

NARUTO

7, avenue P-H Spaak - 1060 Bruxelles
5e édition

Achevé d'imprimer en septembre 2021 • Dépôt légal : juillet 2016
d/2016/0086/225 • ISBN 978-2-5050-6505-0

Traduit et adapté en français par Sébastien Bigini
Conception graphique : Les Travaux d'Hercule
Adaptation graphique : Éric Montésinos

Imprimé et relié en Italie par L.E.G.O. spa
Via Galileo Galilei 11, 38015 Lavis